French Short Stories for Beginners 5 in 1

Over 500 Dialogues and Daily Used Phrases to Learn French in Your Car. Have Fun & Grow Your Vocabulary, with Crazy Effective Language Learning Lessons

www.LearnLikeNatives.com

© Copyright 2021

By Learn Like A Native

ALL RIGHTS RESERVED

No part of this book may be reproduced, stored in a retrieval system, or transmitted in any form or by any means, without the prior written permission of the publisher.

TABLE OF CONTENT

INTRODUCTION	7
CHAPTER 1 The Mysterious Package	
/ Greetings	16
Translation of the Story	24
CHAPTER 2 Mardi Gras	
/ Colors + Days of the Week	29
Translation of the Story	36
CHAPTER 3 Weird Weather / Weather	40
Translation of the Story	47
CHAPTER 4 John's Homework	
/ School + Classroom	52
Translation of the Story	59
CHAPTER 5 Thrift Store Bargain	
/ house and furniture	63
Translation of the Story	71
CHAPTER 6 The Goat	
/ common present tense verbs	75
Translation of the Story	83
CHAPTER 7 The Car / emotions	89

Translation of the Story — 98

CHAPTER 8 Going to A Meeting

/ telling time — 104

Translation of the Story — 113

CHAPTER 9 Lunch with The Queen

/ to be, to have + food — 119

Translation of the Story — 128

CHAPTER 10 The Driver's License

/ question words — 135

Translation of the Story — 144

CHAPTER 11 At the Travel Agency

/ likes and dislikes — 150

Translation of the Story — 158

CHAPTER 12 Valentine's Day in Paris

/ prepositions — 165

Translation of the Story — 174

CHAPTER 13 New Roommates

/ Common everyday objects + possession — 181

Translation of the Story — 190

CHAPTER 14 A Day in the Life / transition words — 196

Translation of the Story — 205

CHAPTER 15 The Camino Inspiration

/ Numbers + Family   210

Translation of the Story   218

CONCLUSION   222

About the Author   226

INTRODUCTION

Before we dive into some French, I want to congratulate you, whether you're just beginning, continuing, or resuming your language learning journey. Here at Learn Like a Native, we understand the determination it takes to pick up a new language and after reading this book, you'll be another step closer to achieving your language goals. As a thank you for learning with us, we are giving you free access to our 'Speak Like a Native' eBook. It's packed full of practical advice and insider tips on how to make language learning quick, easy, and most importantly, enjoyable. Head over to LearnLikeNatives.com to access your free guide and peruse our huge selection of language learning resources.

Learning a new language is a bit like cooking—you need several different ingredients and the right technique, but the end result is sure to be delicious. We created this book of short stories for learning French because language is alive. Language is about the senses—hearing, tasting the words on your tongue, and touching another culture up close. Learning a language in a classroom is a fine place to start, but it's not a complete introduction to a language.

In this book, you'll find a language come to life. These short stories are miniature immersions into the French language, at a level that is perfect for beginners. This book is not a lecture on grammar. It's not an endless vocabulary list. This book is the closest you can come to a language immersion without leaving the country. In the stories within, you will see people speaking to each other, going through daily life situations, and using the most common, helpful words and phrases in language. You are holding the key to bringing your French studies to life.

Made for Beginners

We made this book with beginners in mind. You'll find that the language is simple, but not boring. Most of the book is in the present tense, so you will be able to focus on dialogues, root verbs, and understand and find patterns in subject-verb agreement.

This is not "just" a translated book. While reading novels and short stories translated into French is a wonderful thing, beginners (and even novices) often run into difficulty. Literary licenses and complex sentence structure can make reading in your second language truly difficult—not to mention BORING. That's why French Short Stories for Beginners is the perfect book to pick up. The stories are simple, but not infantile. They were not written for children, but the language is simple so that beginners can pick it up.

The Benefits of Learning a Second Language

If you have picked up this book, it's likely that you are already aware of the many benefits of learning a second language. Besides just being fun, knowing more than one language opens up a whole new world to you. You will be able to communicate with a much larger chunk of the world. Opportunities in the workforce will open up, and maybe even your day-to-day work will be improved. Improved communication can also help you expand your business. And from a neurological perspective, learning a second language is like taking your daily vitamins and eating well, for your brain!

How To Use The Book

The chapters of this book all follow the same structure:

- A short story with several dialogs
- A summary in French
- A list of important words and phrases and their English translation
- Questions to test your understanding
- Answers to check if you were right
- The English translation of the story to clear every doubt

You may use this book however is comfortable for you, but we have a few recommendations for getting the most out of the experience. Try these tips and if they work for you, you can use them on every chapter throughout the book.

1) Start by reading the story all the way through. Don't stop or get hung up on any particular words or phrases. See how much of the plot you can understand in this way. We think you'll get a lot more of it than you may expect, but it is completely normal not to understand everything in the story. You are learning a new language, and that takes time.

2) Read the summary in French. See if it matches what you have understood of the plot.

3) Read the story through again, slower this time. See if you can pick up the meaning of any words or phrases you don't understand by using context clues and the information from the summary.

4) Test yourself! Try to answer the five comprehension questions that come at the end of each story. Write your answers down, and then check them against the answer key. How did you do? If you didn't get them all, no worries!

5) Look over the vocabulary list that accompanies the chapter. Are any of these the words you did not understand? Did you already know the meaning of some of them from your reading?

6) Now go through the story once more. Pay attention this time to the words and phrases you haven't understand. If you'd like, take the time to look them up to expand your meaning of the story. Every time you read over the story, you'll understand more and more.

7) Move on to the next chapter when you are ready.

Read and Listen

The audio version is the best way to experience this book, as you will hear a native French speaker tell you each story. You will become accustomed to their accent as you listen along, a huge plus for when you want to apply your new language skills in the real world.

If this has ignited your language learning passion and you are keen to find out what other resources are available, go to LearnLikeNatives.com, where you can access our vast range of free learning materials. Don't know where to begin? An excellent place to start is our 'Speak Like a Native' free eBook, full of practical advice and insider tips on how to make language learning quick, easy, and most importantly, enjoyable.

And remember, small steps add up to great advancements! No moment is better to begin learning than the present.

FREE BOOK!

Get the *FREE BOOK* that reveals the secrets path to learn any language fast, and without leaving your country.

Discover:

- The **language 5 golden rules** to master languages at will

- Proven **mind training techniques** to revolutionize your learning

- A complete step-by-step guide to **conquering any language**

French Short Stories for Beginners Book 1

Over 100 Dialogues and Daily Used Phrases to Learn French in Your Car. Have Fun & Grow Your Vocabulary, with Crazy Effective Language Learning Lessons

www.LearnLikeNatives.com

CHAPTER 1
The Mysterious Package / Greetings

La sonnette sonne. Andrew court vers la porte de l'appartement. Personne ne sonne jamais le samedi matin. Andrew a hâte de voir qui est à la porte. Il ouvre la porte.

« **Bonjour**, petit garçon, dit un livreur. » L'homme est vêtu d'un uniforme brun et porte une boîte marron.

« **Bonjour, monsieur** », dit Andrew.

« J'ai un colis », dit le livreur. « Il est écrit 10, Grande Rue. »

« Nous sommes au 10, Grande Rue », dit Andrew.

« Le colis n'a pas de nom, dit le livreur. Il n'a pas non plus de numéro d'appartement. »

« Comme c'est étrange », dit Andrew.

« Pouvez-vous le donner à la bonne personne? », demande l'homme.

« Je peux essayer », dit Andrew. Il n'a que dix ans, mais il se sent important.

« **Merci beaucoup** », dit le livreur. Il part. Andrew ramène la boite chez lui. Il la fixe. Elle a à peu près la taille d'une boîte à chaussures. Il n'y a pas de nom de destinataire, seulement 10, Grande Rue.

Andrew ouvre la boîte en carton. Il a besoin de savoir ce qu'il y a à l'intérieur pour trouver le propriétaire. Il y a une petite boîte en bois à l'intérieur de la boîte en carton. Andrew ouvre la boîte en bois. À l'intérieur de la boîte se trouvent 10 paires de lunettes différentes. Elles sont de couleurs différentes : roses et rouges, à pois verts, noires et blanches. Les formes aussi sont différentes : rondes, carrées et rectangulaires.

Il ferme la boîte et met ses chaussures.

« **Au revoir** maman! Je reviens tout de suite », crie-t-il.

Andrew frappe à la porte en face de chez lui. Elle s'ouvre. Une très vieille dame sourit à Andrew et à la boîte.

« **Bonjour**, Mme Smith. » dit Andrew.

« **Comment vas-tu**? » demande la vieille dame.

« **Très bien, merci! Et vous?** », dit Andrew.

« Qu'est-ce que tu as là? » demande la vieille dame.

« **Madame**, c'est un paquet. Il appartient à quelqu'un dans cet immeuble, mais je ne sais pas à qui, dit Andrew.

« Ce n'est pas pour moi », dit la vieille dame. « Impossible! »

« Oh, ok », dit Andrew, déçu. La vieille dame porte des lunettes. Il pense que ces lunettes lui iraient bien. Il se retourne pour partir.

« Reviens plus tard », lui crie la vieille dame. « Je fais des biscuits et il y en a pour toi et ta famille. »

Andrew monte les escaliers. Son immeuble compte trois étages. Il est ami avec presque tout le monde dans l'immeuble. Cependant, il y a une nouvelle famille dans l'appartement du deuxième étage. Andrew ne les connaît pas. Il est intimidé, mais il sonne. Un homme brun ouvre la porte. Il sourit.

«**Salut!**» dit l'homme.

« Bonjour, dit Andrew. Je vis en bas. **Je m'appelle Andrew.** »
« **C'est un plaisir de faire ta connaissance**, Andrew », dit l'homme. « Nous sommes nouveaux dans l'immeuble. Je suis M. Jones. »

« **Moi aussi, je suis heureux de vous rencontrer** », dit Andrew. « Ce colis appartient à quelqu'un dans cet immeuble. Est-ce votre colis? »

«Impossible!» dit l'homme. «Ma famille et moi venons d'emménager ici. Personne ne connaît notre adresse.»

« D'accord », dit Andrew. « Ravi de vous rencontrer alors ». La porte se ferme. Un autre non. Il ne reste que deux appartements à essayer. Dans l'appartement suivant, il y a une famille. La fille fréquente la même école qu'Andrew. Elle a un an de plus qu'Andrew. Elle s'appelle Diana. Andrew la trouve très belle. Il est à nouveau intimidé, mais il frappe à la porte.

Une jolie blonde ouvre la porte.

« **Salut**, Diana », sourit Andrew.

« **Quoi de neuf**? » dit Diana. Son pyjama est rose vif et ses cheveux sont sales.
« **Comment ça va**? » demande Andrew.

« **Ça va**, dit Diana. Je dormais. Tu m'as réveillée. »

« Je suis désolé », dit-il rapidement. Son visage est rouge. Il est très timide. « J'ai un paquet. Nous ne savons pas à qui il appartient ».

« Qu'y a-t-il dedans », demande Diana.

« Des lunettes. Ce sont des lunettes pour la lecture », dit Andrew.

« Je ne porte pas de lunettes. Ma mère n'en utilise pas. Le colis n'est pas pour nous », dit Diana.

« Ok », dit Andrew. Il fait au revoir de la main et monte les escaliers. Il y a un appartement de plus, l'appartement au troisième étage. M. Edwards vit seul dans cet appartement. Il a un gros perroquet qui sait parler. Il a aussi quatre chats et un chien. Son appartement est vieux et sombre. Andrew a peur de M. Edwards. Il sonne à la porte. Il doit savoir à qui appartient le colis.

« **Bonjour** », dit M. Edwards. Son chien vient à la porte. Le chien aide M. Edwards parce qu'il est aveugle.

« Bonjour, M. Edwards, c'est Andrew », dit Andrew. M. Edwards a les yeux fermés. Il sourit.

« **Quoi de neuf**, Andrew? » demande-t-il. « Humm, pense Andrew, peut-être que M. Edwards n'est pas effrayant. Peut-être que M. Edwards est juste un gentil vieil homme qui vit seul ».

« J'ai un paquet et je pense qu'il est pour vous », dit Andrew.

« Ah oui! Mes lunettes de lecture. Enfin!» sourit M. Edwards. Il tend les mains. Andrew est confus. Il regarde le chien. Il semble sourire aussi. Il donne le colis à M. Edwards.

« **Je suis content de te voir**, dit M. Edwards.

« **Moi aussi** », dit Andrew. Il rendra peut-être visite à M. Edwards un autre jour. Il se retourne et rentre chez lui.

RÉSUMÉ

Un garçon, Andrew, reçoit un colis qui ne lui est pas destiné. C'est un colis qui contient des lunettes. Il l'apporte aux voisins, un par un, pour savoir à qui appartient le colis. Il découvre que le colis appartient à son voisin M. Edwards, ce qui est un peu surprenant.

Liste de Vocabulaire

Good morning	Bonjour
Hello	Bonjour
Sir	Monsieur
Thank you very much	Merci beaucoup
Bye	Bye
Morning!	Bonjour!
How are you?	Comment ça va?
Fine, thanks!	Très bien, merci!
And you?	Et vous?
Ma'am	Madame
Hi!	Salut!
My name is…	Mon nom est…
It's nice to meet you.	Ravi de vous rencontrer.
Nice to meet you too.	Ravi de vous rencontrer également.
How's it going?	Comment ça va?
It's going.	Ça va.
Hey!	Salut!
What's up?	Quoi de neuf?
What's new?	Quoi de neuf?
It's good to see you.	Je suis content de te voir.

QUESTIONS

1. Qui est à la porte d'entrée lorsqu'Andrew l'ouvre?
    a) un livreur
    b) un chat
    c) un recenseur
    d) son père

2. Comment décririez-vous Mme Smith?
    a) une belle fille
    b) une méchante personne
    c) une mauvaise voisine
    d) une vieille femme gentille

3. Qui habite au deuxième étage de l'immeuble?
    a) personne
    b) une fille de l'école d'Andrew
    c) une nouvelle famille
    d) Andrew

4. A votre avis, que pense Andrew de Diana?
    a) il l'aime bien et il pense qu'elle est jolie
    b) il la suit sur les réseaux sociaux
    c) il ne l'aime pas
    d) ils ne se connaissent pas

5. À qui dans l'immeuble appartiennent les lunettes ?
    a) à la vieille femme
    b) à l'homme aveugle
    c) à Andrew et sa famille
    d) à personne

RÉPONSES

1. Qui est à la porte d'entrée lorsqu'Andrew l'ouvre?
    a) un livreur
2. Comment décririez-vous Mme Smith?
    d) une vieille femme gentille

3. Qui habite au deuxième étage de l'immeuble?
    c) une nouvelle famille

4. A votre avis, que pense Andrew de Diana?
    a) il l'aime bien et pense qu'elle est jolie

5. À qui dans l'immeuble appartiennent les lunettes ?
    b) à l'homme aveugle

Translation of the Story
The Mysterious Package

The doorbell rings.

Andrew runs to the door of the apartment. The doorbell never rings on Saturday mornings. Andrew is excited to see who is at the door. He opens the door.

"**Good morning**, little boy," says a delivery man. The man is dressed in a brown uniform and is carrying a brown box.

"**Hello, sir**," says Andrew.

"I have a package," the delivery man says. "It says 10 Main Street."
"This is 10 Main Street," says Andrew.

"The package has no name," says the delivery man. "It also has no apartment number."

"How strange!" says Andrew.

"Can you give it to the right person?" the man asks.

"I can try," says Andrew. He is only ten years old, but he feels important.

"**Thank you very much,**" says the delivery man. He leaves. Andrew takes the box into his house. He stares at the box. It is about the size of a shoe box. It has no name on the outside, just 10 Main Street.

Andrew opens the cardboard box. He needs to know what is inside to find the owner. There is a small wood box inside the cardboard box. Andrew opens the wooden box. Inside the box are 10 different pairs of eyeglasses. They are different colors: pink and red, green polka dots, black and white. They are also different shapes: round, square and rectangle.

He closes the box and puts on his shoes.

"**Bye** mom! I'll be right back," he shouts.

Andrew knocks on the door across the hall from his house. It opens. A very old lady smiles at Andrew and the box.

"**Morning**, Mrs. Smith!" says Andrew.

"**How are you?**" asks the old lady.

"**Fine, thanks! And you?**" says Andrew.

"What do you have?" asks the old lady.

"**Ma'am,** this is a package. It belongs to someone in this building but I don't know who," says Andrew.

"It's not for me," says the old lady. "Impossible!"

"Oh, ok" says Andrew, disappointed. The old lady wears glasses. He thinks these glasses would look nice on her. He turns to leave.

"Come back later," calls the old lady. "I'm making cookies and some cookies are for you and your family."

Andrew goes up the stairs. His building has three floors. He is friends with almost everyone in the building. However, the apartment on the second floor has a new family. Andrew doesn't know them. He feels shy, but he rings the bell. A brown-haired man opens the door. He smiles.

"**Hi!**" says the man.

"Hello," says Andrew. "I live downstairs. **My name is** Andrew."

"**It's nice to meet you,** Andrew," the man says. "We are new to the building. I'm Mr. Jones."

"**Nice to meet you too,**" says Andrew. "This package belongs to someone in this building. Is it your package?"

"Impossible!" says the man. "My family and I just moved here. No one knows our address."

"Ok," says Andrew. "Nice to meet you then." The door closes. Another no. There are only two apartments left to try. In the next apartment is a family. The daughter goes to the same school as Andrew. She is a year older than Andrew. Her name is Diana. Andrew thinks she is very beautiful. He feels shy again, but he knocks on the door.

A pretty, blonde girl opens the door.

"**Hey,** Diana," Andrew smiles.

"What's up?" Diana says. Her pijamas are bright pink and her hair is messy.
"How's it going?" Andrew asks.

"It's going," Diana says. "I was asleep. You woke me up."

"I'm sorry," he says quickly. His face is red. He feels extra shy. "I have a package. We don't know who it belongs to."

"What is in it?" asks Diana.

"Some glasses. They are glasses for reading," says Andrew.

"I don't wear glasses. My mom doesn't use them. The box is not for us," says Diana.
"Ok," says Andrew. He waves goodbye and climbs the stairs. There is one more apartment, the apartment on the third floor. Mr. Edwards lives in this apartment, alone. He has a big parrot that knows how to talk. He also has four cats and a dog. His apartment is old and dark. Andrew feels afraid of Mr. Edwards. He rings the doorbell. He has to find out who the box belongs to.

"Hello," says Mr. Edwards. His dog comes to the door. The dog helps Mr. Edwards because he is blind.

"Hi, Mr. Edwards. It's Andrew," Andrew says. Mr. Edwards has his eyes closed. He smiles.

"What's new, Andrew?" He asks. Hmmm, Andrew thinks, maybe Mr. Edwards isn't scary. Maybe Mr. Edwards is just a nice old man that lives alone.

"I have a package and I think it is for you," says Andrew.

"Ah yes! My reading glasses. Finally!" smiles Mr. Edwards. He holds his hands out. Andrew is confused. He looks at the dog. It seems to be smiling, too. He gives Mr. Edwards the box.

"It's good to see you," says Mr. Edwards.

"You too," says Andrew. Maybe he will visit Mr. Edwards another day. He turns around and goes home.

CHAPTER 2
Mardi Gras / Colors + Days of the Week

HISTOIRE

Frank sort de chez lui. Sa nouvelle maison est **violette** avec des fenêtres **bleues**. Les **couleurs** sont très vives pour une maison. À la Nouvelle-Orléans, où est sa nouvelle maison, les bâtiments sont colorés.

Il est nouveau dans le quartier. Frank n'a pas encore d'amis. La maison à côté de chez lui est un grand bâtiment **rouge**. Une famille y vit. Frank regarde la porte, et un homme l'ouvre. Frank dit bonjour.
« Bonjour, voisin! » dit George. Il fait signe de la main. Frank marche en direction de la maison rouge.

« Bonjour, je suis Frank, le nouveau voisin », dit Frank.

« Ravi de vous rencontrer. Je m'appelle George », dit-il. Les hommes se serrent la main. George a une guirlande lumineuse dans les mains. Les lumières sont **vertes**, **violettes** et **dorées**.

« Cette guirlande lumineuse est pour quoi? » demande Frank.

« Vous êtes nouveau, » rit George. « C'est Mardi Gras, ne le saviez-vous pas ? Ces couleurs représentent la fête du carnaval ici à la Nouvelle-Orléans. »
« Oh, oui », dit Frank. Frank ne connaît pas le carnaval. Il n'a pas non plus d'amis avec qui faire des projets.

« Aujourd'hui, c'est **vendredi**, dit George. Il y a un défilé appelé Endymion. Viendrez-vous avec moi et ma famille pour le voir? »

« Oui, dit Frank. Génial! »

George mets la guirlande lumineuse sur la maison. Frank aide George. George allume la lumière. La maison semble festive.

La famille et Frank se rendent au défilé. Pendant Mardi gras à la Nouvelle-Orléans, il y a des défilés tous les jours. Les défilés pendant la **semaine** sont petits. Les défilés du week-end, **samedi** et **dimanche**, sont grands, avec beaucoup de chars et de gens. Il y a un roi du Mardi Gras. Il s'appelle Rex.

Mardi gras signifie « **mardi** gras ». En Angleterre, on l'appelle « Shrove Tuesday » (« mardi de confession »). C'est une fête catholique. C'est le jour avant le Mercredi des Cendres, le début du Carême. Mardi Gras est la célébration qui précède le Carême, un moment sérieux. Arrivé Jeudi, les jours de fête sont terminés. La Nouvelle-Orléans est célèbre pour son Mardi Gras. Les gens font des fêtes et portent des masques et des costumes. En fait, vous ne pouvez porter un masque à la Nouvelle-Orléans que pour Mardi Gras. Le reste de l'année, c'est illégal !

George et sa famille regardent le défilé qui commence avec Frank. Frank est surpris. Il y a beaucoup de gens qui regardent. Ils sont debout dans l'herbe. Les chars passent devant le groupe. Les chars sont de grandes structures avec des gens et des décorations. Ils descendent la rue, un par un.

Le premier char représente le soleil. Il a des décorations **jaunes**. Une femme au milieu porte une robe **blanche**. Elle ressemble à un ange. Elle jette des jouets et des perles orange aux gens.

« Pourquoi jette-t-elle les jouets et les colliers? » demande Frank.

« Pour nous! » dit Hannah, la femme de George. Hannah tient cinq colliers dans ses mains. Il y a des perles sur le sol. Personne ne les attrape. Elles sont sales et **marrons**.

Le défilé se poursuit. Il y a beaucoup de chars et de perles. George et sa famille crient : « Jetez-moi quelque chose, monsieur! » Hannah remplit son sac **noir** de jouets colorés et de perles provenant des chars. Frank apprend à crier « Jetez-moi quelque chose! » pour recevoir des perles pour lui.

Un grand char compte plus de 250 personnes. C'est le plus grand char au monde.

Enfin, le défilé se termine. Les enfants et les adultes sont heureux. Tout le monde rentre chez soi. Frank est fatigué. Il a faim aussi et il veut manger. Il suit George et sa famille dans la maison **rouge**. Il y a un gros gâteau rond sur la table. Il ressemble à un anneau, avec un trou au milieu. Le gâteau est recouvert d'un glaçage **violet**, **vert** et **jaune**.

« C'est le gâteau du roi », dit Hannah. « Nous mangeons du gâteau du roi tous les mardis gras. »

Hannah coupe un morceau de gâteau. Elle en donne un à George, un autre aux enfants et un autre à Frank. Frank goûte le gâteau. Il est délicieux! Il a un goût de cannelle. Il est moelleux. Mais soudainement Frank mord dans du plastique.

« Aïe! » dit Frank. Frank arrête de manger. Il sort un bébé en plastique du gâteau.

« Il y a une autre tradition, dit George. Le gâteau contient un bébé. La personne qui reçoit le bébé achète le prochain gâteau. »

« C'est moi ! » dit Frank.

Tout le monde rit. George invite Frank à un autre défilé **lundi**.

Frank rentre chez lui heureux. Il adore Mardi Gras.

Liste de vocabulaire

violet	violet
blue	bleu
colors	couleurs
red	rouge
green	vert
purple	pourpre
gold	or
Friday	vendredi
week	semaine
Saturday	Samedi
Sunday	dimanche
Tuesday	mardi
Wednesday	mercredi
Thursday	jeudi
yellow	jaune
white	blanc
orange	orange
brown	marron
black	noir
Monday	lundi

QUESTIONS

1) Comment décririez-vous la nouvelle maison de Frank?
    a) ennuyeuse
    b) colorée
    c) minuscule
    d) isolée

2) Quelle couleur représente Mardi Gras à la Nouvelle-Orléans ?
    a) bleu
    b) blanc
    c) orange
    d) or

3) Mardi gras est une fête :
    a) réservée aux adultes.
    b) de la tradition de l'Église juive.
    c) célèbre à la Nouvelle-Orléans.
    d) que vous célébrez à l'intérieur d'une maison.

4) Laquelle de ces réponses ne se trouve pas sur un char de Mardi Gras ?
    a) des gens
    b) des ordinateurs
    c) des jouets
    d) des perles

5) Que se passe-t-il si vous trouvez le bébé dans un gâteau royal?
    a) vous pleurez
    b) vous devez prendre soin du bébé
    c) vous le donnez à votre ami
    d) vous devez acheter un gâteau roi

RÉPONSES

1) Comment décririez-vous la nouvelle maison de Frank?
    b) colorée

2) Quelle couleur représente Mardi Gras à la Nouvelle-Orléans ?
    d) or

3) Mardi gras est une fête :
    c) célèbre à la Nouvelle-Orléans.

4) Laquelle de ces réponses ne se trouve pas sur un char de Mardi Gras ?
    b) des ordinateurs

5) Que se passe-t-il si vous trouvez le bébé dans un gâteau du roi?
    d) vous devez acheter un gâteau roi

Translation of the Story
Mardi Gras

STORY

Frank steps out his front door. His new house is **violet** with **blue** windows. The **colors** are very bright for a house. In New Orleans, his new home, buildings are colorful.

He is new to the neighborhood. Frank does not have any friends yet. The house next to him is a tall, **red** building. A family lives there. Frank stares at the door, and a man opens it. Frank says hello.

"Hello, neighbor!" says George. He waves. Frank walks to the red house.
"Hi, I'm Frank, the new neighbor," says Frank.

"Nice to meet you. My name is George," George says. The men shake hands. George has a string of lights in his hands. The lights are **green**, **purple** and **gold**.

"What are the lights for?" asks Frank.

"You *are* new," laughs George. "It's Mardi Gras, didn't you know? These colors represent the holiday of carnival here in New Orleans."

"Oh, yes," says Frank. Frank does not know about carnival. He also has no friends to make plans with.

"Today is **Friday**," says George. "There is a parade called Endymion. Will you come with me and the family to watch?"

"Yes," Frank says. "Wonderful!"

George puts the lights on the house. Frank helps George. George turns on the lights. The house looks festive.

The family and Frank go to the parade. During Mardi Gras in New Orleans, there are parades every day. The parades during the **week** are small. The parades on the weekend, **Saturday** and **Sunday**, are big, with many floats and people. There is a king of Mardi Gras. His name is Rex.

Mardi Gras means 'Fat **Tuesday'.** In England, it is called Shrove Tuesday. The holiday is Catholic. It is one day before Ash **Wednesday**, the beginning of Lent. Mardi Gras is the celebration before Lent, a serious time. By **Thursday**, the special days are finished. New Orleans is famous for its Mardi Gras. People have parties and wear masks and costumes. In fact, you can only wear a mask in New Orleans on Mardi Gras. The rest of the year it is illegal!

George and his family watch the parade begin with Frank. Frank is surprised. There are many people watching. They stand in the grass. Floats pass the group. Floats are big structures with people and decorations. They go down the street, one by one.

The first float represents the sun. It has **yellow** decorations. A woman in the middle wears a **white** dress. She looks like an angel. She throws **orange** toys and beads to the people.

"Why does she throw the toys and necklaces?" asks Frank.

"For us!" says Hannah, George's wife. Hannah holds five necklaces in her hands. Some beads are on the ground. Nobody catches them. They are dirty and **brown**.

The parade continues. There are many floats, and many beads. George and his family shout, "Throw me something, mister!" Hannah fills her **black** bag with colorful toys and beads from the floats. Frank learns to shout "Throw me something!" to get beads for himself.

One big float has over 250 people on it. It is the largest in the world.

Finally, the parade ends. The children and the adults are happy. Everyone goes home. Frank is tired. He is also hungry and wants to eat. He follows George and his family into the **red** house. There is a big, round cake on the table. It looks like a ring, with a hole in the middle. The cake has **purple**, **green** and **yellow** frosting on top.

"This is king cake," Hannah says. "We eat king cake every Mardi Gras."

Hannah cuts a piece of cake. She gives one piece to George, one piece to the children, and one piece to Frank. Frank tastes the cake. It is delicious! It tastes like cinnamon. It is soft. But suddenly Frank bites into plastic.

"Ouch!" says Frank. Frank stops eating. He pulls a plastic baby out of the cake.

"There is one more tradition," says George. "The cake has a baby in it. The person who gets the baby buys the next cake."

"That's me!" Frank says.

Everyone laughs. George invites Frank to another parade on **Monday.**

Frank goes home happy. He loves Mardi Gras.

CHAPTER 3
Weird Weather / Weather

HISTOIRE

Ivan est âgé de 12 ans. Il rend visite à ses grands-parents le week-end. Il adore rendre visite à ses grands-parents. Grand-mère lui donne des biscuits et du lait tous les jours. Grand-père lui apprend des choses intéressantes. Ce week-end, il va chez eux.

On est en février. Ivan est là, c'est l'**hiver**. En février, il **neige** habituellement. Ivan adore la neige. Il joue dans la neige et en fait des boules. Ce week-end de février, le **temps** est différent. Le soleil brille, il fait **beau** et il fait presque **chaud**! Ivan porte un T-shirt chez ses grands-parents.

« Bonjour, grand-père! Bonjour, grand-mère! », dit Ivan.

« Bonjour, Ivan! », dit Grand-mère.

« Ivan! Comment vas-tu? », dit Grand-père.

« Je vais bien », dit-il, et il embrasse ses grands-parents. Ivan dit au revoir à sa mère.

Ils entrent dans la maison. « Ce temps est étrange, dit Grand-mère. En février, il fait toujours **froid** et **nuageux**. Je ne comprends pas! »

« C'est le **changement climatique** », dit Ivan. À l'école, Ivan étudie la contamination et la pollution. Le temps change en raison des changements dans l'**atmosphère**. Le changement climatique, c'est la différence de météo à travers le temps.

« Je ne suis pas au courant des changements climatiques, dit Grand-père. Je **prédis** le temps en fonction de ce que je vois. »

« Que veux-tu dire ? », demande Ivan.

« Ce matin, le **ciel** est rouge, dit Grand-père. Cela signifie que je sais qu'une **tempête** approche. »

« Comment ? » demande Ivan.

« Ciel rouge le matin avertit le marin. Ciel rouge le soir donne espoir. » Grand-père explique ce dicton à Ivan.

Si le ciel est rouge au lever du soleil, cela signifie qu'il y a de l'eau dans l'air. La lumière du soleil brille rouge. La tempête vient vers vous. Si le ciel est rouge au coucher du soleil, le mauvais temps part. Sans **présentateur météo**, les gens regardent le ciel pour chercher des indices sur le temps.

« Comment les météorologues prédisent-ils le temps ? » demande Ivan.

« Ils observent les tendances dans l'atmosphère, dit Grand-mère. Ils observent la température, si elle est chaude ou froide. Et ils observent la pression atmosphérique, ce qui se passe dans l'atmosphère. »

« Je prédis les la météo différemment, dit Grand-père. Par exemple, je sais qu'il va **pleuvoir** aujourd'hui. »
« Comment ? », demande Ivan.

« Le chat », dit Grand-père. Ivan regarde le chat. Le chat ouvre la bouche et fait « ah-CHOO ».

« Quand le chat éternue ou ronfle, cela signifie qu'il va pleuvoir, dit Grand-père. Il va peut-être **bruiner** ou il peut beaucoup **pleuvoir**, mais il va y avoir de la pluie. »

Soudain, ils entendent un son fort. Ivan regarde par la fenêtre. Les gouttes de pluie tombent fort. La pluie est forte. Ivan ne peut pas entendre ce que son grand-père dit.

« Quoi? », dit Ivan.

« Il **pleut des cordes** », dit grand-père en souriant.
« Ah! » rit Ivan.

« Je connais un autre moyen de connaître la météo », dit grand-mère.

Grand-mère regarde les araignées pour voir quand il fera froid. À la fin de l'**été**, le temps change. L'**automne** apporte de l'air frais et froid. Grand-mère sait que lorsque les araignées entrent à l'intérieur, cela signifie que le froid arrive. Les araignées font une maison à l'intérieur avant l'hiver. C'est comme ça que grand-mère sait quand le temps hivernal arrive.

La pluie s'arrête. Grand-père et Ivan sortent. Grand-père et Grand-mère vivent dans une maison dans la forêt. La maison est entourée d'arbres. C'est une petite maison. Ivan a froid dans son t-shirt. Le temps n'est pas ensoleillé. L'air se déplace. Il y a du vent. Le vent souffle dans les cheveux d'Ivan.

« Il fait **froid** maintenant », dit Ivan.

« Oui, dit grand-père. Quelle est la température? »

« Je ne sais pas, dit Ivan. Je n'ai pas de thermomètre. »

« Tu n'en as pas besoin », dit grand-père. Grand-père dit à Ivan d'écouter. Ivan entend un son : cri-cri-cri. C'est un insecte. Le cri-cri-cri est le son des grillons. Grand-père enseigne quelque chose à Ivan. Ivan compte les *cris* pendant quatorze secondes. Grand-père ajoute 40 à ce nombre. C'est la température à l'extérieur. Ivan ne savait pas que les grillons étaient comme des thermomètres.
Grand-mère sort de la maison. Elle sourit. Elle regarde Ivan compter les cricris. « C'est l'heure des biscuits et du lait! » dit-elle.

« Oui! », dit Ivan.

« Oh, regardez! » dit grand-mère. « C'est un arc-en-ciel. » L'arc-en-ciel va de la maison à la forêt. Il a plusieurs couleurs : rouge, orange, jaune, bleu et vert. L'arc-en-ciel est magnifique. Grand-mère, grand-père et Ivan regardent l'arc-en-ciel. Il disparaît et ils rentrent.

« Des biscuits et du lait pour tout le monde », dit grand-mère. Elle donne à Ivan un biscuit au chocolat encore chaud.

« Pas pour moi, dit Grand-père. Je veux du thé. »

« Pourquoi du thé? » dit Grand-mère. Elle a deux verres de lait à la main.

« Avec ce temps, je ne me sens un peu malade », dit grand-père. Il rit. Ivan et grand-mère rient avec lui.

Liste de Vocabulaire

winter	hiver
to snow	à la neige
weather	temps
sunny	ensoleillé
hot	chaud
cold	froid
cloudy	nuageux
climate change	changements climatiques
atmosphere	atmosphère
predict	prédire
sky	ciel
storm	tempête
weathermen	Présentateur météo
drizzle	bruine
rainy	pluvieux
raining cats and dogs	Il pleut des cordes
summer	été
autumn	automne
windy	venteux
temperature	température
thermometer	thermomètre
rainbow	arc-en-ciel
under the weather	pas dans son assiette

QUESTIONS

1) À quoi ressemble habituellement la météo en février?
    a) il fait chaud
    b) il fait froid
    c) il y a du soleil
    d) il fait frais

2) Comment grand-père sait-il quel temps il fera?
    a) il regarde la télévision
    b) les conditions météorologiques
    c) il observe la nature
    d) il ne prédit pas le temps

3) Qu'est-ce que signifie « tomber des cordes »?
    a) la pluie mouille les cordes
    b) il pleut juste un peu
    c) les chats et les chiens tombent du ciel
    d) il pleut très fort

4) Qu'est-ce que cela signifie lorsque les araignées rentrent à l'intérieur?
    a) elles ont faim
    b) elles sont prêtes à pondre des œufs
    c) le temps froid arrive
    d) le temps chaud arrive

5) Pourquoi Grand-père demande-t-il du thé au lieu du lait?
    a) il se sent un peu malade
    b) il est allergique au lait
    c) il veut une boisson chaude
    d) pour mettre Grand-mère en colère

RÉPONSES

1) À quoi ressemble habituellement la météo en février?
    a) il fait chaud

2) Comment grand-père sait-il quel temps il fera?
    c) il observe la nature

3) Que signifie « tomber des cordes »?
    d) il pleut très fort

4) Qu'est-ce que cela signifie lorsque les araignées rentrent à l'intérieur?
    c) le temps froid arrive

5) Pourquoi grand-père demande-t-il du thé au lieu du lait?
    a) il se sent un peu malade

Translation of the Story
Weird Weather

STORY

Ivan is twelve years old. He visits his grandparents on the weekend. He loves to visit his grandparents. Grandma gives him cookies and milk every day. Grandpa teaches him neat things. This weekend he goes to their house.

It is February. Where Ivan is, it is **winter**. In February, it usually **snows**. Ivan loves the snow. He plays in it and rolls it into balls. This February weekend, the **weather** is different. The sun is shining; it is **sunny** and almost **hot**! Ivan wears a T-shirt to his grandparent's house.

"Hi, Grandpa! Hi, Grandma!" Ivan says.
"Hello, Ivan!" Grandma says.

"Ivan! How are you?" says Grandpa.

"I'm good," he says, and he hugs his grandparents. Ivan says goodbye to his mom.

They go into the house. "This weather is strange," says Grandma. "February is always **cold** and **cloudy**. I don't understand!"

"It is **climate change**," says Ivan. In school, Ivan learns about contamination and pollution. The weather changes because of changes in the **atmosphere**. Climate change is the difference in the weather over time.

"I don't know about climate change," says Grandpa. "I **predict** the weather by what I see."
"What do you mean?" asks Ivan.

"This morning, the **sky** is red," says Grandpa. "This means I know a **storm** is coming."

"How?" asks Ivan.

"Red sky in the morning, sailors take warning. Red sky at night, sailor's delight." Grandpa tells Ivan about this saying.

If the sky is red at sunrise, it means there is water in the air. The light of the sun shines red. The storm is coming towards you. If the sky is red at sunset, the bad weather is leaving. Without **weathermen**, people watch the sky for clues about the weather.

"How do weathermen predict the weather?" asks Ivan.

"They look at patterns in the atmosphere," says Grandma. "They look at temperature, if it is hot or cold. And they look at air pressure, what is happening in the atmosphere."

"I predict the weather differently," says Grandpa. "For example, I know today it will **rain**."

"How?" asks Ivan.

"The cat," says Grandpa. Ivan looks at the cat. The cat opens its mouth and says 'ah-CHOO'.
"When the cat sneezes or snores, that means rain is coming," says Grandpa. It may **drizzle** or it may be very **rainy**, but it will rain."

Suddenly, they hear a loud sound. Ivan looks out the window. Drops of rain are falling hard. The rain is loud. Ivan can't hear what his Grandpa says.

"What?" says Ivan.

"It's **raining cats and dogs**," says Grandpa, smiling.

"Ha!" laughs Ivan.

"I know another way to tell the weather," says Grandma. Grandma watches the spiders to see when the weather will be cold. At the end of **summer**, the weather changes. **Autumn** brings fresh, cool air. Grandma knows that when spiders come inside, it means cold weather is coming. The spiders make a house inside before winter. That is how grandma knows when the winter weather comes.

The rain stops. Grandpa and Ivan go out. Grandpa and Grandma live in a house in the forest. The house has trees around it. It is a small house. Ivan is cold in his T-shirt. The weather is not sunny. The air is moving. It is **windy**. The wind blows through Ivan's hair.

"It is **cold** now," says Ivan.

"Yes," says Grandpa. "What is the temperature?"

"I don't know," says Ivan. "I don't have a thermometer."

"You don't need one," says Grandpa. Grandpa tells Ivan to listen. Ivan hears a sound: *cri-cri-cri*. It is an insect. The *cri-cri-cri* is the sound of crickets. Grandpa teaches Ivan. Ivan counts the *cri* for fourteen seconds. Grandpa adds 40 to that number. That is the temperature outside. Ivan did not know crickets were like thermometers.

Grandma comes out of the house. She smiles. She watches Ivan counting the *cri* sound. "Time for cookies and milk!" she says.

"Yay!" says Ivan.

"Oh, look!" says Grandma. "It's a rainbow." The rainbow goes from the house to the forest. It has many colors: red, orange, yellow, blue and green. The rainbow is beautiful. Grandma, Grandpa and Ivan watch the rainbow. It disappears and they go inside.

"Cookies and milk for everyone," says Grandma. She gives Ivan a warm chocolate cookie.

"Not for me," says Grandpa. "I want tea."

"Why tea?" says Grandma. She has two milks in her hand.

"I'm feeling **under the weather**," says Grandpa. He laughs. Ivan and Grandma laugh with him.

French Dialogues for Beginners
Book 2

Over 100 Daily Used Phrases and Short Stories to Learn French in Your Car. Have Fun and Grow Your Vocabulary with Crazy Effective Language Learning Lessons

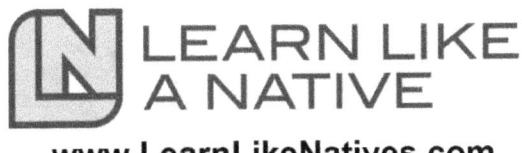

www.LearnLikeNatives.com

CHAPTER 4
John's Homework / School + Classroom

HISTOIRE

Mme Kloss est **enseignante** de quatrième année. Elle enseigne à l'école primaire Homewood. L'**école** est dans un bâtiment en brique rouge. Elle est située dans une petite ville.

Mme Kloss a une **classe** de 15 élèves. Ses **élèves** sont des garçons et des filles. Ce sont habituellement de bons élèves. Mme Kloss a une habitude : ses élèves commencent la journée à leur **bureau**, assis sur leur **chaise**. Mme Kloss fait l'**appel**.
« Louise? », dit-elle.

« Ici! », s'écrie Louise.

« Mike? », dit Mme Kloss.

« Présent », dit Mike.

« John ? »

« Ici, madame Kloss », dit John.

Et ainsi de suite. Après l'appel, Mme Kloss commence la journée avec les **mathématiques**. Pour ses élèves, les mathématiques sont difficiles. La classe écoute Mme Kloss enseigner. Ils la regardent écrire au **tableau**.

Parfois, un élève résout un problème devant la classe. Ils utilisent une **craie** pour écrire la solution. Les autres élèves font les problèmes dans leurs **cahiers**.

L'heure préférée de tout le monde est l'heure du déjeuner. Les élèves se rendent dans la cantine. Ils ont deux choix. L'un d'eux est un repas sain, de la viande et des légumes. L'autre choix est de la pizza ou des hamburgers. Certains élèves apportent un repas fait maison.

L'après-midi, ils étudient l'**histoire**. Le vendredi, ils ont des cours de **sciences** en **laboratoire**. Ils font des **expériences**, comme cultiver des plantes à partir d'un morceau de pomme de terre.

Mme Kloss donne des **devoirs** à ses élèves tous les jours. Ils ramènent le travail à la maison. Ils travaillent le soir. Le lendemain, ils l'amènent à l'école. La seule excuse pour ne pas avoir fait ses devoirs est un mot de leurs parents.
Un jour, la classe passe en revue les devoirs d'**anglais** ensemble.

« Tout le monde, apportez vos **papiers** à mon bureau », dit Mme Kloss. Tout le monde apporte ses devoirs à Mme Kloss. Tout le monde sauf John.

« John, où sont tes devoirs? », dit Mme Kloss.

Le visage de John est très rouge. Il est nerveux.

« Je ne les ai pas, dit John.

- As-tu un mot de tes parents? demande Mme Kloss.

- Non », dit John.
« Pourquoi n'avez-vous pas fait vos devoirs, alors? » demande Mme Kloss. John dit quelque chose très bas.

« Quoi? Nous ne t'entendons pas », dit Mme Kloss. Elle sourit gentiment à John. Il a l'air nerveux.

« Mon chien a mangé mes devoirs », dit John. Mme Kloss et les autres élèves rient. Cette excuse est l'excuse la plus typique pour ne pas avoir fait son travail.

« Est-ce dans ton **sac à dos**? Ou peut-être dans ton **casier**? » demande Mme Kloss. Elle veut aider John.

« Non, mon chien l'a mangé, insiste John.

- C'est **la plus vieille excuse du monde**, dit Mme Kloss.

- C'est vrai! », dit John. John est un bon élève. Il a habituellement de **bonnes notes**. Mme Kloss ne veut pas envoyer Jon dans le **bureau du directeur** pour avoir menti. Elle ne croit pas John, mais elle décide de lui donner une autre chance.

« Apporte-moi tes devoirs demain, dit Mme Kloss, voici une autre copie. » John prend la **feuille de travail** et remercie Mme Kloss. Les élèves se tournent vers leur cahier d'**art**. Aujourd'hui, en classe d'art, ils dessinent une image avec des **crayons** de couleur. Les élèves adorent les cours d'art. C'est l'occasion de se détendre. Ils dessinent et dessinent jusqu'à ce que la **cloche** sonne. L'école est terminée.

Les élèves parlent dans les couloirs. Ils échangent des mots. Les élèves de 4e année attendent à l'extérieur. Leurs parents viennent les chercher. Certains d'entre eux rentrent à pied. Certains d'entre eux sont en voiture. Les enseignants les aident à retrouver leurs parents.

Mme Kloss termine son travail. Elle range son **ordinateur portable** dans son sac. Sa salle de classe est propre et vide. Elle sort. Alors qu'elle se marche vers sa voiture, elle voit John et son père. Le père de John vient le chercher avec leur chien. Mme Kloss fait signe à John et à son père.

« Bonjour, John! dit Mme Kloss.

« Bonjour, madame Kloss », dit John.

« Est-ce le chien qui a mangé tes devoirs? », demande Mme Kloss. Elle sourit, donc John sait qu'elle se moque de lui.

« Oui, madame Kloss, dit le père de John. Merci de votre compréhension. John est tellement inquiet d'avoir des ennuis! »

Mme Kloss est stupéfaite! Cette fois, le chien a vraiment mangé les devoirs.

Liste de Vocabulaire

teacher	enseignant
school	école
class	classe
students	élèves
desk	bureau
chair	président
roll call	appel
math	mathématiques
blackboard	tableau noir
chalk	craie
notebook	carnet
history	histoire
science	science
lab	laboratoire
experiment	expérience
homework	devoirs
English	anglais
papers	documents
backpack	sac à dos
locker	casier
the oldest excuse in the book	la plus vieille excuse
straight A's	de bonnes notes
principal's office	bureau du directeur
worksheet	feuille de travail
pencils	crayons
bell	cloche
laptop	ordinateur portable

QUESTIONS

1) Comment commence la journée dans la classe de Mme Kloss?
    a) les élèves se lèvent et crient
    b) avec un devoir
    c) avec l'appel
    d) avec les cris de Mme Kloss

2) Quel est le moment de la journée préféré de tout le monde à l'école primaire Homewood?
    a) l'appel
    b) l'heure du repas
    c) le cours de mathématiques
    d) après la sonnerie

3) Pourquoi Mme Kloss dit-elle que l'excuse de John est la plus ancienne du livre?
    a) parce que tout le monde utilise cette excuse
    b) John est le plus âgé de la classe.
    c) il a oublié son livre
    d) son chien a sept ans

4) Que devez-vous avoir si vous ne faites pas vos devoirs?
    a) une expérience scientifique
    b) une bonne excuse
    c) rien, il n'y a pas de problème
    d) un mot de tes parents

5) Pourquoi Mme Kloss est-elle surprise à la fin de l'histoire?
    a) elle réalise que John disait la vérité
    b) le chien de John est en fait un cheval
    c) John ne lui parle pas
    d) le père de John ressemble à John

RÉPONSES

1) Comment commence la journée dans la classe de Mme Kloss?
    c) avec l'appel

2) Quel est le moment de la journée préféré de tout le monde à l'école primaire Homewood?
    b) l'heure du repas

3) Pourquoi Mme Kloss dit-elle que l'excuse de John est la plus ancienne du livre?
    a) parce que tout le monde utilise cette excuse

4) Que devez-vous avoir si vous ne faites pas vos devoirs?
    d) un mot de tes parents

5) Pourquoi Mme Kloss est-elle surprise à la fin de l'histoire?
    a) elle réalise que John disait la vérité

Translation of the Story
John's Homework

STORY

Mrs. Kloss is a grade 4 **teacher**. She teaches at Homewood Elementary School. The **school** is in a red brick building. It is in a small town.

Mrs. Kloss has a **class** of 15 students. Her **students** are boys and girls. They are usually good students. Mrs. Kloss has a routine. Her students start the day at their **desks**, seated in their **chairs**. Mrs. Kloss calls **roll call**.

"Louise?" she says.

"Here!" shouts Louise.

"Mike?" says Mrs. Kloss.

"Present," says Mike.

"John?"

"Here, Mrs. Kloss," John says.

And so on. After roll call, Mrs. Kloss starts the day with **math**. For her students, math is difficult. The class listens to Mrs. Kloss teach. They watch as she writes on the **blackboard**. Sometimes, one student solves a problem in front of the class. They use **chalk** to write out the solution. The other students do the problems in their **notebooks**.

Everyone's favorite time is lunch time. The class goes to the lunchroom. They have two choices. One choice is a healthy meal of meat and vegetables. The other choice is pizza or hamburgers. Some students bring a lunch from home.

In the afternoon, they study **history**. On Fridays, they have **science** class in the **lab**. They do **experiments**, like growing plants from a piece of potato.

Mrs. Kloss gives her students **homework** every day. They take the work home. They work at night. The next day, they bring it to school. The only excuse for incomplete homework is a note from their parents.

One day, the class reviews the **English** homework together.
"Everyone, please bring your **papers** to my desk," says Mrs. Kloss. Everyone brings their homework to Mrs. Kloss. Everyone except for John.

"John, where is your homework?" says Mrs. Kloss.

John's face is very red. He is nervous.

"I don't have it," says John.

"Do you have a note from your parents?" asks Mrs. Kloss.

"No," says John.

"Why didn't you do your homework, then?" asks Mrs. Kloss. John says something very quietly.

"What? We can't hear you," says Mrs. Kloss. She gives John a kind smile. He looks nervous.

"My dog ate my homework," says John. Mrs. Kloss and the other students laugh. This excuse is the most typical excuse for not having work done.

"Is it in your **backpack**? Or maybe your **locker**?" asks Mrs. Kloss. She wants to help John.

"No, my dog ate it!" insists John.

"That's the **oldest excuse in the book**," says Mrs. Kloss.

"It is true!" says John. John is a good student. He usually makes **straight A's**. Mrs. Kloss does not want to send Jon to the **principal's office** for lying. She does not believe John, but she decides to give him another chance.

"Bring the homework tomorrow," says Mrs. Kloss. "Here is another copy." John takes the **worksheet** and thanks Mrs. Kloss. The class turns to their **art** notebook. Today in art class they are drawing a picture with colored **pencils**. Students love art class. It is a chance to relax. They draw and draw until the **bell** rings. School is over.

Students talk in the hallways. They exchange notes. The Grade 4 students wait outside. Their parents pick them up. Some of them are on foot. Some of them are in cars. The teachers help them to find their parents.

Mrs. Kloss finishes her work. She packs her **laptop** into her bag. Her classroom is clean and empty. She goes outside. As she walks to her car, she see John and his dad. John's father picks him up with their dog. Mrs. Kloss waves to John and his father.

"Hello, John!" says Mrs. Kloss.

"Good afternoon, Mrs. Kloss," John says.

"Is this the dog that ate your homework?" asks Mrs. Kloss. She smiles, so John knows she is teasing.

"Yes, Mrs. Kloss," says John's father. "Thank you for understanding. John is so worried about getting in trouble!"

Mrs. Kloss is shocked! This time, the dog really did eat the homework.

CHAPTER 5
Thrift Store Bargain / house and furniture

HISTOIRE

Louise et Mary sont meilleures amies. Elles sont aussi **colocataires**. Elles partagent un **appartement** dans centre-ville. Aujourd'hui, elles veulent acheter des **meubles** pour leur **logement**. Louise et Mary sont toutes deux étudiantes. Elles n'ont pas beaucoup d'argent.

« Où pouvons-nous faire les magasins? demande Louise à Mary.

- Nous avons besoin de beaucoup de meubles, dit Mary. Elle s'inquiète pour l'argent.
- Je sais, dit Louise. Nous devons trouver une **bonne affaire**.

- J'ai une idée. Allons au magasin d'occasion! dit Mary.

- Excellente idée! » dit Louise.

Les deux filles vont au magasin d'occasion en voiture. C'est un magasin géant. Le bâtiment est plus grand que dix **maisons**.

Les filles garent la voiture. Le parking est vide.

« Wow, dit Louise. Le magasin est très grand.

- Carrément, dit Mary. Et il n'y a personne ici.

- Nous serons les seules clientes, dit Louise. On peut **faire comme chez nous**. »

Les filles entrent dans le magasin. Le magasin a de tout. À droite, il y a le rayon **cuisine**. Il y a de grands **réfrigérateurs** et de vieux **fours micro-ondes** sur les **étagères**. Il y a des grille-pain de toutes les couleurs. Les prix sont corrects. Un four micro-ondes coûte seulement 10 $.

Tout est une affaire. Les articles sont déjà utilisés et d'occasion. Cependant, Mary et Louise trouvent des articles qu'elles aiment. Il y a plus d'une douzaine de canapés. Mary et Louise ont besoin d'un **canapé**. Elles passent du temps à parler des différents canapés. Mary aime un canapé en cuir brun. Louise aime un grand canapé violet. Elles n'arrivent pas à se décider. Louise voit une chaise violette. Les filles décident de prendre le canapé et la chaise violette pour qu'ils soient assortis. C'est parfait pour leur maison.
« J'ai besoin d'un **lit** pour ma **chambre** », dit Louise.

Les filles vont au rayon chambre à coucher. D'abord, elles passent devant le rayon art.

« Tu sais, nous avons besoin de quelque chose pour les **murs** », dit Louise. Mary est d'accord. Il y a de grands tableaux, de petits tableaux, des **cadres** vides et des photographies dans des cadres. Louise choisit une grande peinture abstraite. Il a des lignes de peinture rouge, bleue et noire.

« Je peux peindre comme ça, dit Mary. On dirait une peinture d'enfant.

- C'est seulement cinq dollars », dit Louise.

- Oh, ok! » dit Mary.

Les filles finissent leurs courses. Louise trouve aussi une **lampe** pour sa chambre. Sa chambre est trop sombre. Mary choisit un **tapis** pour la **salle de bain**. Les filles sont très heureuses. Elles ne dépensent que 100 $ pour tout le mobilier.

« C'est pourquoi faire ses achats au magasin d'occasion est une aubaine, affirme Louise.

- Oui, nous avons **tout sauf l'évier de la cuisine**! » dit Mary.

Mary et Louise organisent une fête dans leur appartement ce soir-là. C'est une fête pour accueillir des amis. Mary et Louise veulent montrer leur nouveau mobilier.

On sonne à la porte. Mary ouvre la **porte**. Nick est le premier à arriver. Nick est l'ami de Mary. Nick est également étudiant. Il étudie l'histoire de l'art.

« Bonjour, mesdames, dit Nick. Merci de m'avoir invité.

- Entre, Nick! » dit Mary. Nick entre dans le **hall d'entrée**. Elle l'embrasse.

« Veux-tu voir nos nouveaux meubles? demande Louise.

- Oui! » dit Nick.

Louise et Mary font visiter l'appartement à Nick. Elles sont contentes du **salon**. Le nouveau canapé, la chaise et la peinture sont superbes.
« Tout cela vient du magasin d'occasion », dit Mary. Elle est fière.

Nick se dirige vers le tableau. « J'aime beaucoup ce tableau, dit-il.

- Moi aussi, dit Louise. Je l'ai choisi.

- Ça me rappelle Jackson Pollock, dit Nick.

- Qui est Jackson Pollock? » demande Mary.

- C'est un peintre très célèbre, dit Nick. Il projette de la peinture sur une toile. Exactement comme celui-ci. » Nick regarde de près la peinture.
« Est-ce signé? » demande-t-il. Louise hoche la tête non.
« Regardons derrière alors. »
Ils enlèvent la peinture du cadre et la retournent. Ils sont tous silencieux. Au bas, il y a une signature qui ressemble à « Jackson Pollock ».

« Combien avez-vous payé pour cela? demande Nick.

- Environ cinq dollars, dit Louise.

- Cela vaut probablement au moins 10 millions de dollars », dit Nick. Il est choqué. Mary regarde Louise. Louise regarde Mary.

« Quelqu'un veut-il une coupe de champagne? » dit Mary.

C'est une bonne affaire !

Liste de Vocabulaire

roommates	colocataires
apartment	appartement
furniture	meubles
home	maison
bargain	affaire
thrift store	magasin d'occasion
house	maison
make ourselves at home	faire comme chez nous
kitchen	cuisine
refrigerators	réfrigérateurs
microwaves	micro-ondes
shelves	étagères
toasters	grille-pain
chair	chaise
table	tableau
sofa	canapé
bed	lit
bedroom	chambre à coucher
wall	mur
frame	cadre
lamp	lampe
carpet	tapis
bathroom	salle de bain
everything but the kitchen sink	tout sauf l'évier de cuisine
door	porte
foyer	hall d'entrée
living room	salon

QUESTIONS

1) Pourquoi Mary et Louise vont-elles au magasin d'occasion?

    a) Elles ont besoin d'argent.

    b) Elles ont besoin de meubles, mais n'ont pas beaucoup d'argent.

    c) Elles ont des meubles à vendre.

    d) Elles veulent s'amuser.

2) Pourquoi les prix au magasin d'occasions sont-ils si bas?

    a) C'est la saison des soldes.

    b) Il va fermer.

    c) Les articles ont été utilisés.

    d) Les prix sont normaux et non pas bas.

3) Lequel des articles suivants va dans une cuisine?

    a) lit

    b) micro-ondes

    c) douche

    d) canapé

4) Comment Nick en sait-il autant sur le tableau ?

    a) C'est un marchand d'art professionnel.

    b) Le tableau appartient à Nick.

    c) Il étudie l'art.

    d) Il a lu un livre.

5) À la fin, Mary et Louise sont...

    a) tristes.

    b) surprises et riches.

    c) en colère contre Nick.

    d) trop fatiguées pour faire la fête.

RÉPONSES

1) Pourquoi Mary et Louise vont-elles au magasin d'occasion?
 a) Elles ont besoin d'argent.

2) Pourquoi les prix au magasin d'occasions sont-ils si bas?
 c) Les articles ont été utilisés.

3) Lequel des articles suivants va dans une cuisine?
 b) micro-ondes

4) Comment Nick en sait-il autant sur le tableau ?
 c) Il étudie l'art.

5) À la fin, Mary et Louise sont...
 b) surprises et riches.

Translation of the Story
Thrift Store Bargain

STORY

Louise and Mary are best friends. They are also **roommates**. They share an **apartment** in the center of town. Today they want to shop for **furniture** for their **home**. Louise and Mary are both students. They do not have much money.

"Where can we shop?" Louise asks Mary.

"We need a lot of furniture," Mary says. She is worried about money.

"I know," says Louise. "We need to find a **bargain**."
"I have an idea. Let's go to the thrift store!" says Mary.

"Great idea!" says Louise.

The two girls drive the car to the thrift store. It is a giant store. The building is bigger than ten **houses**.

The girls park the car. The parking lot is empty.

"Wow," says Louise. "The store is very big."

"Totally," says Mary. "And there is nobody here."

"We will be the only people," says Louise. "We can **make ourselves at home**."

The girls walk into the store. The store has everything. On the right, there is the **kitchen** section. There are tall **refrigerators** and old **microwaves** on the **shelves**. There are **toasters** of all colors. The prices are good. A microwave costs only $10.

Everything is a bargain. The items are used and second-hand. However, Mary and Louise find items that they like. There are more than a dozen sofas. Mary and Louise need a **sofa**. They spend time talking about the different sofas. Mary likes a brown leather sofa. Louise likes a big purple sofa. They cannot decide. Louise sees a purple **chair**. The girls decide to get the purple sofa and chair so that they match. It is perfect for their home.

"I need a **bed** for my **bedroom**," says Louise.

The girls walk to the bedroom area. First, they pass the art section.

"You know, we need something for the **walls**," says Louise. Mary agrees. There are big paintings, small paintings, empty **frames**, and photographs in frames. Louise decides on a big, abstract painting. It has lines of splattered red, blue, and black paint.

"I can paint like that," says Mary. "It looks like a child's painting."

"It's only five dollars," says Louise.

"Oh, ok!" says Mary.

The girls finish shopping. Louise also finds a **lamp** for her bedroom. Her bedroom is too dark. Mary chooses a **carpet** for the **bathroom**. The girls are very happy. They spend only $100 dollars for all the furniture.

"That is why shopping at the thrift store is a bargain," says Louise.

"Yes, we got **everything but the kitchen sink**!" says Mary.

Mary and Louise have a party in their apartment that night. It is a party to welcome friends. Mary and Louise want to show their new furniture.

The doorbell rings. Mary opens the **door**. Nick is the first to arrive. Nick is Mary's friend. Nick is also a student. He studies art history.

"Hi, ladies," says Nick. "Thank you for inviting me."

"Come in, Nick!" says Mary. Nick steps into the **foyer**. She hugs him.

"Do you want to see our new stuff?" asks Louise.

"Yeah!" says Nick.

Louise and Mary show Nick around the apartment. They are happy with the **living room**. The new sofa, chair and painting looks great.

"All of this is from the thrift store," says Mary. She is proud.

Nick walks up to the painting. "I really like this painting," he says.

"I do too," says Louise. "I chose it."

"It reminds me of Jackson Pollock," says Nick.

"Who is Jackson Pollock?" asks Mary.

"He is a very famous painter," says Nick. "He splashes paint onto canvas. Just like this one." Nick looks closely at the painting.

"Is it signed?" he asks. Louise shakes her head no. "Let's look behind it then."

They take the painting out of the frame and turn it around. They all are quiet. On the bottom is a signature that looks like 'Jackson Pollock'.

"How much did you pay for this?" asks Nick.

"About five dollars," says Louise.

"This is probably worth at least $10 million dollars," says Nick. He is shocked. Mary looks at Louise. Louise looks at Mary.

"Does anyone want a glass of champagne?" says Mary.

Now that is a bargain!

CHAPTER 6
The Goat / common present tense verbs

Ollie se réveille. Le soleil brille. Il se souvient qu'on est samedi. Aujourd'hui, son père ne **travaille** pas. Cela signifie qu'Ollie et son **père** font quelque chose ensemble. Que peuvent-ils faire? Ollie **veut** aller au cinéma. Il veut aussi jouer aux jeux vidéo.

Ollie a 12 ans. Il va à l'école. Le samedi, il ne va pas à l'école. Il **utilise** le samedi pour faire ce qu'il veut. Son père le laisse décider. Ollie veut faire quelque chose d'amusant.

« Papaaaaaaa! » **appelle** Ollie. « **Viens** ici! »

Ollie attend.

Son père entre dans la chambre d'Ollie.

« Aujourd'hui c'est samedi, **dit** Ollie.

- Je **sais**, fils, dit le père d'Ollie.

- Je veux faire quelque chose d'amusant! dit Ollie.

- Moi aussi, dit papa.

- Que pouvons-nous faire? **demande** Ollie.

- Que veux-tu faire ? demande son père.

- Allez au cinéma, dit Ollie.

- Nous allons toujours au cinéma le samedi, dit le père d'Ollie.

- Jouez aux jeux vidéo, dit Ollie.

- Nous jouons à des jeux vidéo tous les jours! dit papa.

- Ok, ok », dit Ollie. Il **réfléchit**. Il se souvient de son enseignant à l'école. Son enseignant **dit** aux élèves de sortir. L'enseignant leur dit que l'air frais est bon. À l'école, ils étudient les animaux. Ollie étudie les animaux de la jungle, les animaux de l'océan et les animaux de la ferme.

Ça y est !
« Papa, allons à la ferme! » dit Ollie. Le père d'Ollie pense que c'est une excellente idée. Il a toujours voulu **voir** et caresser er les animaux de la ferme.

Ils prennent la voiture. Le père d'Ollie conduit pour aller à la campagne. Ils voient un panneau qui dit « Ferme aux animaux ». Ils suivent les panneaux et garent la voiture.

Ollie et son père achètent des tickets pour entrer. Les tickets coûtent 5 $. Ils sortent de la billetterie. Il y a un grand bâtiment en bois, la ferme. Derrière la ferme, il y a un immense champ. Le champ a des arbres, de l'herbe et des clôtures. Dans chaque clôture, il y a un type d'animal différent. Il y a des centaines d'animaux.

Ollie est enthousiaste. Il voit des poulets, des chevaux, des canards et des cochons. Il les touche et les écoute. Ollie **fait** un bruit à chaque animal. Pour les canards, il dit « coincoin ». Pour les porcs, il dit « groin groin ». Pour les chevaux, il dit « huuu ». Pour les poulets, il dit « cot cot ». Les animaux regardent Ollie.

Passé les animaux dans les cages, Ollie voit un troupeau de moutons. Le père d'Ollie lui dit que les moutons femelles sont appelées brebis. Les moutons mâles sont des béliers. Les bébés moutons sont appelés les agneaux. Les moutons mangent de l'herbe.
« Ils peuvent nous voir, dit papa.

- Mais ils ne nous regardent pas, dit Ollie.

- Les moutons peuvent voir derrière eux. Ils n'ont pas à tourner la tête, dit papa. Le père d'Ollie en sait beaucoup sur les moutons.

« Ils ont coupé la laine des moutons au printemps », dit papa. Il raconte à Ollie comment la laine des moutons devient un chandail, un foulard et d'autres vêtements chauds. Ollie a un pull en laine. Il est chaud.

Ollie et son père marchent dans le champ. L'herbe est verte. Il y a des vaches dans un coin. L'une des vaches mères nourrit un petit veau.

« Tu sais ce que font les vaches, Ollie ? demande papa.

- Bah! Du Lait, dit Ollie.

- C'est exact, dit papa.

Ollie entend un bruit d'animal. Il **prend** la main de son père. Ils marchent vers le son. Ils arrivent à une clôture. Ils **trouvent** une chèvre. La chèvre a ses cornes coincées dans la clôture. La chèvre est assise sur le sol. Elle ne bouge pas. Ses cornes sont entre les plaques de bois et elle ne peut pas bouger. Ollie et son père **regardent** la chèvre.

« Je me sens tellement mal pour la chèvre, dit Ollie. Elle semble triste.

- Pauvre gars! dit papa.

- Elle a l'air si triste, dit Ollie.

- Nous pouvons l'aider, dit papa.
- Oui! » dit Ollie.

Ils se rapprochent de la chèvre. Ollie est nerveux. Papa dit de ne pas s'inquiéter. Les cornes sont coincées et la chèvre ne leur fera pas de mal. Ollie regarde dans les yeux de la chèvre. La chèvre **a besoin** d'aide. Ollie parle à la chèvre. Il **essaie** de faire des sons doux. Il veut garder la chèvre calme.

Le père d'Ollie essaie de déplacer les cornes. Il essaie la corne droite. Il essaie la corne gauche. Elles ne bougent pas. Après dix minutes, ils **abandonnent**.

« Je n'y arrive pas, dit le père d'Ollie.

- Es-tu sûr? demande Ollie.

- Les cornes sont coincées, dit papa.
- Que faisons-nous? » demande Ollie.

Autour de la chèvre, il y a de la boue. Il n'y a plus d'herbe. Le père d'Ollie ramasse de l'herbe et l'apporte à la chèvre. La chèvre mange l'herbe. La chèvre a l'air affamée. L'herbe a disparu. Ollie prend plus d'herbe pour la donner à la chèvre. Ils caressent la chèvre pendant quelques minutes. La chèvre semble reconnaissante.

« Prévenons le propriétaire, dit papa.

- Oui, dit Ollie. Peut-être qu'ils peuvent l'aider. »

Ollie et son père vont à la billetterie. La billetterie est un petit bâtiment à l'entrée. Un homme y travaille. Ollie et son père rentrent à l'intérieur.

« Bonjour, monsieur, dit le père d'Ollie.
- Comment puis-je vous aider? demande l'homme.
- Il y a une chèvre — dit le père d'Ollie.

L'homme interrompt le père d'Ollie. Il agite la main. Il a l'air de s'ennuyer. « Oui, nous savons. »

« Vous savez pour la chèvre ? demande Ollie.

- La chèvre coincée dans la clôture ? demande l'homme.

- Oui! disent Ollie et son père.

- Oh oui, c'est Patty, dit l'homme. Elle peut se libérer quand elle veut. Elle aime juste attirer l'attention. »

Ollie regarde son père d'un air surpris. Ollie et son père rient.

« Patty, quelle chèvre! » dit Ollie.

RÉSUMÉ

Ollie se réveille un samedi. Lui et son père décident de faire quelque chose d'amusant. Ils vont dans une ferme pour voir des animaux. Ils voient et caressent de nombreux animaux : des vaches, des chevaux, des moutons et plus encore. Ils se promènent dans la ferme. C'est une belle journée. Ils trouvent une chèvre coincée dans une clôture. Ils essaient d'aider la chèvre. La chèvre a ses cornes coincées. Ils la nourrissent d'herbe. Ollie et son père vont chercher de l'aide. L'homme à la billetterie les écoute. Il leur dit que la chèvre aime tromper les gens pour attirer l'attention. Ollie et son père rient.

Liste de Vocabulaire

to work	au travail
to do	faire
to want	vouloir
to go	aller
to use	utiliser
to call	appeler
to come	venir
to say	dire
to know	savoir
to ask	demander
to think	penser

to tell	dire
to see	voir
to become	devenir
to make	de faire
to take	prendre
to find	trouver
to feel	sentir
to look	chercher
to get	obtenir
to need	besoin
to try	essayer
to give	donner

QUESTIONS

1) Que décident Ollie et son père de faire le samedi?
    a) aller au cinéma
    b) aller à la ferme
    c) jouer à des jeux vidéo
    d) aller à l'école

2) Quel animal le père d'Ollie connaît-il le mieux?
    a) les moutons
    b) les cochons
    c) la girafe
    d) la vache

3) Qu'arrive-t-il à la chèvre?
    a) elle se cache
    b) elle mange
    c) elle est coincée
    d) elle est en colère

4) Que font Ollie et son père pour la chèvre?

a) ils la libèrent
b) ils lui donnent de l'herbe et la caressent
c) ils appellent la police pour l'attraper
d) ils lui font un bisou

5) Que fait Patty?
a) elle quitte la ferme
b) elle mange des ordures
c) elle se rend à la billetterie
d) elle fait semblant d'être coincée pour attirer l'attention

RÉPONSES
1) Que décide Ollie et son père de faire le samedi?
b) aller à la ferme
2) Quel animal le père d'Ollie connaît-il le mieux?
a) les moutons
3) Qu'arrive-t-il à la chèvre?
c) elle est coincée
4) Que font Ollie et son père pour la chèvre?
b) ils lui donnent de l'herbe et la caressent
5) Que fait Patty?
d) elle fait semblant d'être coincée pour attirer l'attention

Translation of the Story
The Goat

Ollie wakes up. The sun is shining. He remembers: it is Saturday. Today his dad does not **work**. That means Ollie and his dad **do** something together. What can they do? Ollie **wants** to go to the movies. He also wants to play video games.

Ollie is twelve years old. He goes to school. Saturday he does not go to school. He **uses** Saturday to do what he wants. His dad lets him decide. So Ollie wants to do something fun.

"Daaaaaad!" **calls** Ollie. "**Come** here!"

Ollie waits.
His dad enters Ollie's bedroom.

"Today is Saturday," **says** Ollie.

"I **know**, son," says Ollie's dad.

"I want to do something fun!" says Ollie.

"Me too," says Dad.

"What can we do?" **asks** Ollie.

"What do you want to do?" asks his dad.

"Go to the movies," says Ollie.

"We always go to the movies on Saturday," says Ollie's dad.

"Play video games," says Ollie.

"We play video games everyday!" says Dad.

"Ok, ok," says Ollie. He **thinks**. He remembers his teacher at school. His teacher **tells** the students to go outside. The teacher tells them the fresh air is good. At school, they study animals. Ollie learns about animals in the jungle, animals in the ocean, and animals on farms.

That's it!

"Dad, let's go to a farm!" says Ollie. Ollie's dad thinks that is a great idea. He has always wanted to **see** and touch farm animals.
They take the car. Ollie's dad drives to the countryside. They see a sign that says "Animal Farm". They follow the signs and park the car.

Ollie and his dad buy tickets to enter. Tickets cost $5. They leave the ticket office. There is a big wooden building, the farmhouse. Behind the farmhouse, there is a huge field. The field has trees, grass, and fences. In each fence is a different type of animal. There are hundreds of animals.

Ollie is excited. He sees chickens, horses, ducks, and pigs. He touches them and listens to them. Ollie **makes** a sound to each animal. To the ducks, he says "quack". To the pigs, he says "oink". To the horses, he says "nay". To the chickens, he says "bok bok". The animals stare at Ollie.

Past the animals in cages, Ollie sees a flock of sheep. Ollie's dad tells him that female sheep are called ewes. Male sheep are rams. Baby sheep are called lambs. The sheep are eating grass.
"They can see us," says Dad.

"But they are not looking at us," says Ollie.

"Sheep can see behind themselves. They don't have to turn their heads," says Dad. Ollie's dad knows a lot about sheep.

"They cut the hair on the sheep in spring," says Dad. He tells Ollie how the sheep's wool **becomes** sweaters, scarves and other warm clothing. Ollie has a sweater made of wool. It is warm.

Ollie and his dad walk around the field. The grass is green. There are cows in a corner. One of the mother cows feeds a baby calf.

"You know what cows make, Ollie?" asks Dad.

"Duh! Milk!" says Ollie.

"That's right," says Dad.

Ollie hears an animal sound. He **takes** his dad's hand. They walk towards the sound. They come to a fence. They **find** a goat. The goat has horns stuck in the fence. The goat sits on the ground. It does not move. Its horns are between the wood and it can't move. Ollie and his dad **look** at the goat.

"I feel so bad for the goat," says Ollie. She seems sad.

"Poor guy!" says Dad.
"He looks so sad," says Ollie.

"We can help him," Dad says.

"Yeah!" says Ollie.

They get close to the goat. Ollie is nervous. Dad says not to worry. The horns are stuck and the goat will not hurt them. Ollie looks into the eyes of the goat. The goat **needs** help. Ollie talks to the goat. He **tries** to make soft sounds. He wants to keep the goat calm.

Ollie's dad tries to move the horns. He tries the right horn. He tries the left horn. They don't move. After ten minutes, they **give up**.

"I can't do it," says Ollie's dad.
"Are you sure?" asks Ollie.

"The horns are stuck," says Dad.

"What do we do?" asks Ollie.

The area around the goat is mud. There is no grass left. Ollie's dad takes some grass from the ground and brings it to the goat. The goat eats the grass. The goat looks hungry. The grass is gone. Ollie gets more grass to take to the goat. They pet the goat for a few minutes. The goat seems grateful.

"Let's tell the owner," says Dad.

"Yeah," says Ollie. "Maybe they can help her."

Ollie and his dad go to the ticket office. The ticket office is a small building at the entrance. A man works there. Ollie and his dad go inside.

"Hello, sir," says Ollie's dad.

"How can I help you?" asks the man.

"There's a goat—" says Ollie's dad.

The man interrupts Ollie's dad. He waves his hand. He looks bored. "Yeah, we know."

"You know about the goat?" asks Ollie.

"The goat stuck in the fence?" asks the man.

"Yes!" say Ollie and his dad.

"Oh yes, that's Patty," says the man. "She can get herself out whenever she wants. She just likes the attention."

Ollie **gives** his dad a surprised look. Ollie and his dad laugh.

"Patty, what a goat!" Ollie says.

French Short Stories for Beginners Book 3

Over 100 Dialogues and Daily Used Phrases to Learn French in Your Car. Have Fun & Grow Your Vocabulary, with Crazy Effective Language Learning Lessons

www.LearnLikeNatives.com

CHAPTER 7
The Car / emotions

HISTOIRE

Quentin **s'intéresse** aux voitures. Il regarde des photos de voitures. Il lit des choses sur les voitures toute la nuit, toutes les nuits. Quand il **s'ennuie**, il parcourt Instagram. Les comptes qu'il suit sont dédiés aux voitures.

La petite amie de Quentin est Rashel. Rashel est **amusée** par l'obsession de Quentin. Les voitures ne l'intéressent pas.

Quentin a une voiture. Quentin conduit une Honda Accord 2000. Sa voiture est verte. Quentin est **gêné** par sa voiture. Il veut une voiture cool. Il veut une voiture pour faire le tour de la ville avec Rashel. Il rêve de belles voitures, de voitures chères. Il veut une grande voiture. Les petites voitures sont ennuyeuses.

Ces derniers temps, Quentin regarde son téléphone tout le temps. Quand Rashel le regarde, Quentin le cache.

« Quentin, pourquoi me caches-tu le téléphone? demande Rashel.

- Il n'y a pas de raison, dit Quentin.

- Ce n'est pas vrai! dit Rashel.

- Je te le promets! dit Quentin.

- Alors laisse-moi voir l'écran, dit Rashel.

- Ce n'est rien, dit Quentin. Oublie cela. »

Rashel est méfiante. Quentin cache quelque chose.

Un soir, Rashel fait le dîner. Le téléphone de Quentin sonne. Elle ne connaît pas le numéro. Quentin répond au téléphone.

« Bonjour ? Oh. Je vous appellerai plus tard », dit Quentin. Il raccroche.

« Qui est-ce ? dit Rashel.

- Personne, dit Quentin.

- Est-ce une fille? demande Rashel. Elle est **jalouse**.

- Non, ce n'est pas le cas, dit Quentin.

- Alors qui est-ce ? demande Rashel.

- Personne, dit Quentin.

- Pourquoi ne me le dis-tu pas ? » demande Rashel.

Il est tellement **en colère**, Quentin sort de la maison. Il laisse le plat sur la table. Il fait froid. Rashel est **triste**. Le dîner est un gâchis. Rashel appelle son ami. Ils parlent du dîner. L'ami de Rashel pense que Quentin est avec une autre fille. Rashel n'en est pas sûre. Quentin cache quelque chose. Elle en est certaine.

Quentin est assis dans sa voiture. Il ouvre son ordinateur portable. Il cherche des annonces pour des voitures d'occasion. Il y a des voitures bon marché et des voitures chères. Il est **plein d'espoir**. Il cherche une voiture qui serait une bonne affaire. Il a un peu d'argent. Lui et Rashel font des économies. Ils les utilisent pour les vacances. Cette année, Quentin veut une voiture, pas des vacances.

Il voit une annonce pour une vieille voiture. La voiture date de 1990. La voiture est une Jeep. Le modèle est un Grand Wagoneer. Il est **curieux** et veut en savoir plus au sujet de la voiture. Aucune voiture ne ressemble à cette voiture. Il y a du bois à l'extérieur. Quentin pense que c'est cool.

Quentin appelle le numéro de l'annonce.

« Bonjour, dit un homme.
- Bonjour, dit Quentin. J'appelle pour la voiture.

- Quelle voiture ? demande l'homme.

- La Jeep, dit Quentin. Je vais la prendre.

- D'accord, dit l'homme.

- Je viendrai la chercher demain, dit Quentin.

- D'accord! » dit l'homme. Il raccroche le téléphone.

Quentin retourne à la maison. Il se sent **coupable**. Le dîner est froid. Il le mange quand même. Il est **nerveux**. Qu'est-ce que Rashel va penser de la voiture?

Le lendemain, Quentin achète la voiture. Quentin adore la nouvelle voiture. Sa voiture est une Jeep Grand Wagoneer 1990. C'est une grosse voiture. Il y a des panneaux de bois sur le côté.

Quentin rentre à la maison en voiture. La voiture a 120 000 kilomètres au compteur. Elle a environ 30 ans. La voiture est en très bon état. Tout fonctionne. L'intérieur est comme neuf. La nouvelle voiture de Quentin est spéciale. Il n'a pas **honte** de la conduire. Au contraire, il est **fier** de conduire en ville. Que ne pourrait-il pas aimer ?

Il frappe à la porte. Rashel ouvre.

« Rashel, dit-il. Regarde! Quentin pointe du doigt la voiture.

- Tu as une nouvelle voiture ? demande-t-elle.
- Oui, » dit Quentin. Il invite Rashel à monter. Les deux font le tour de la ville. Quentin roule lentement. Beaucoup de gens regardent la voiture. C'est une voiture spéciale. Plusieurs hommes ont l'air **envieux**. Ils veulent une voiture cool. Quentin est enfin **heureux**.

Quentin passe ses journées avec la Jeep. Il la conduit. Parfois, il n'a nulle part où aller. Il ne fait que rouler en ville. Il adore la voiture. Il est **sûr de lui** dans la Jeep. Il passe tous les soirs à nettoyer la voiture. Il astique les portes et les fenêtres tous les soirs. Rashel l'attend. Il est en retard pour le dîner. Cela rend Rashel **furieuse**. Elle déteste la Jeep Wagoneer. Elle pense que Quentin aime la voiture plus qu'il ne l'aime elle. Elle le dit à Quentin et il lui dit de ne pas être **stupide**. Il lui fait un câlin **affectueux**. Il veut lui montrer qu'elle a tort.

Samedi, Rashel et Quentin vont au supermarché. Quentin les conduit en voiture. Les fenêtres sont baissées. Quentin porte des lunettes de soleil. Il semble **confiant** et sûr de lui. Il gare la voiture. Tous les deux vont au supermarché.

Ils achètent des fruits.

« Quentin, peux-tu prendre quatre pommes ? » demande Rashel. Quentin va chercher les fruits. Il revient. Mais il tient quatre oranges.

« Quentin, j'ai dit des pommes! dit Rashel.

- Oui, je sais, dit Quentin.

- Ce sont des oranges! dit Rashel.

- Oh, désolé, dit Quentin. Il est **distrait** et il ne peut pas se concentrer.

- Qu'est-ce qui ne va pas? demande Rashel.

- Rien, dit Quentin.

- À quoi penses-tu? demande-t-elle.

- A rien, dit Quentin. Il a un regard **anxieux**. Il a l'air **inquiet**.

- Penses-tu à la voiture? demande Rashel.

- Non, dit Quentin.

- Oui, tu y penses! Je le sais! Va me chercher des pommes », dit Rashel. Elle **veut vraiment** que Quentin fasse attention. Quentin ramène les pommes. Il les met dans le chariot. Ils finissent leurs courses. Quentin est tranquille. Il a l'air **renfermé**. Ils vont à la voiture.

Le parking est plein. Quentin inspecte soigneusement la jeep. Il a **peur** des marques ou des rayures. Une porte de voiture laisse des marques lorsqu'elle heurte une autre porte. Il y a beaucoup de voitures maintenant. Il ne voit pas de rayures. Quentin déverrouille la voiture. Il monte dans la voiture.

Rashel met les courses dans la voiture. Elle ramène le chariot dans le magasin. Elle ouvre la porte et monte dans la voiture.

« Quentin, je suis **malheureuse**, dit-elle. Elle pleure.

- Quoi? dit Quentin ; il est **surpris**. Qu'est-ce qui ne va pas?

- Tu ne te soucies que de la voiture, dit Rashel.

- Ce n'est pas vrai, affirme Quentin.

- Tu ne m'aides jamais pour rien, dit Rashel.

- Si! Je tiens à toi, dit Quentin.

- Si tu tiens à moi, vends cette voiture, dit Rashel.

RÉSUMÉ

Quentin veut une nouvelle voiture. Il cache ses recherches de voiture à sa petite amie Rashel. Elle lui demande qui appelle. Elle lui demande ce qu'il regarde. Mais Quentin garde ses recherches secrètes. Quentin trouve une voiture qu'il aime. Il est enfin heureux. Cependant, il est trop obsédé par la voiture. Rashel devient jalouse. Quentin ne peut pas se concentrer dans le supermarché. Il craint que quelqu'un n'égratigne la voiture. Quentin n'aide pas Rashel à faire les courses. Elle se met en colère. Elle dit à Quentin qu'il doit choisir entre elle et la voiture.

Liste de Vocabulaire

interested	intéressé
bored	qui s'ennuie
amused	amusé
suspicious	Méfiant
embarrassed	embarrassé
jealous	jaloux
angry	en colère
sad	triste
hopeful	plein d'espoir
curious	curieux
guilty	coupable
nervous	nerveux
ashamed	honteux
proud	fier
envious	envieux
happy	heureux

enraged	furieux
stupid	stupide
loving	affectueux
confident	confiant
distracted	distrait
anxious	anxieux
worried	inquiet
determined	déterminé
withdrawn	renfermé
miserable	misérable
surprised	surpris

QUESTIONS

1) Que pense Quentin de sa voiture au début de l'histoire ?
    a) il l'aime
    b) elle le gêne
    c) elle est trop neuve
    d) elle est trop chère

2) Pourquoi Rashel se fâche-t-il au dîner?
    a) elle pense qu'une fille appelle Quentin
    b) elle a faim
    c) Quentin est en retard
    d) Quentin a oublié d'acheter du pain

3) Que fait Quentin au supermarché?
    a) il paie pour tout
    b) il prend des oranges au lieu des pommes
    c) il renverse du lait
    d) il fait attention à Rashel

4) Que pense Quentin de sa nouvelle voiture ?
    a) elle est trop neuve
    b) elle est trop petite
    c) il en est fier
    d) elle le gêne

5) À la fin de l'histoire, Quentin et Rashel :
    a) s'embrassent
    b) se réconcilient
    c) quittent le magasin
    d) se disputent

RÉPONSES
1) Que pense Quentin de sa voiture au début de l'histoire ?
    b) elle le gêne
2) Pourquoi Rashel se fâche-t-il au dîner?
    a) elle pense qu'une fille appelle Quentin
3) Que fait Quentin à l'épicerie?
    b) il prend des oranges au lieu des pommes
4) Que pense Quentin de sa nouvelle voiture ?
    c) il en est fier
5) À la fin de l'histoire, Quentin et Rashel :
    d) se disputent

Translation of the Story
The Car

STORY

Quentin is **interested** in cars. He looks at pictures of cars. He reads about cars all night, every night. When he is **bored**, he scrolls through Instagram. The accounts he follows are all about cars.

Quentin's girlfriend is Rashel. Rashel is **amused** by Quentin's obsession. Cars do not interest her.

Quentin has a car. Quentin drives a 2000 Honda Accord. His car is green. Quentin feels **embarrassed** by his car. He wants a cool car. He wants a car to drive around town with Rashel. He dreams of nice cars, expensive cars. He wants a big car. Small cars are boring.

Lately, Quentin looks at his phone all the time. When Rashel looks at it, Quentin hides the phone.

"Quentin, why do you hide the phone from me?" asks Rashel.

"No reason," says Quentin.

"That's not true!" says Rashel.

"I promise it is!" says Quentin.

"Then let me see the screen," says Rashel.

"It's nothing," says Quentin. "Forget about it."

Rashel is **suspicious**. Quentin is hiding something.

One night, Rashel makes dinner. Quentin's phone rings. She does not know the number. Quentin answers the phone.

"Hello? Oh. I will call you later," says Quentin. He hangs up.

"Who is it?" says Rashel.

"Nobody," says Quentin.

"Is it a girl?" asks Rashel. She is **jealous**.
"No it is not," says Quentin.

"Then who is it?" asks Rashel.

"Nobody," says Quentin.

"Why won't you tell me?" asks Rashel.

He is so **angry**; Quentin walks out of the house. He leaves the food on the table. It gets cold. Rashel is **sad**. The dinner is a waste. Rashel calls her friend. They talk about the dinner. Rashel's friend thinks Quentin is with another girl. Rashel is unsure. Quentin is hiding something. She is sure.

Quentin sits in his car. He opens his laptop. He searches adverts for second-hand cars. There are cheap cars and expensive cars. He is **hopeful**. He looks for a car that is a good bargain. He has a little money. He and Rashel save money. They use it for vacation. This year, Quentin wants a car, not a vacation.

He sees an advert about an old car. The car is from the year 1990. The car is a Jeep. The model is a Grand Wagoneer. He is **curious** about the car. No cars look like this car. It has wood on the outside. Quentin thinks that is cool.

Quentin calls the number on the advert.

"Hello," says a man.

"Hello," says Quentin. "I am calling about the car."

"Which car?" asks the man.

"The Jeep," says Quentin. "I'll take it."

"Ok," says the man.

"I'll come get it tomorrow," says Quentin.

"Ok!" says the man. He hangs up the phone.

Quentin goes back to the house. He feels **guilty**. Dinner is cold. He eats it anyway. He is **nervous**. What will Rashel think about the car?

The next day, Quentin gets the car. Quentin loves the new car. His car is a 1990 Jeep Grand Wagoneer. It is a big car. It has wood panels along the side.

Quentin drives to the house. The car has 120,000 kilometers. It is about 30 years old. The car is in very good condition. Everything works. The interior is like new. Quentin's new car is special. He does not feel **ashamed** driving. On the contrary, he feels **proud** driving through town. What is not to love?

He knocks on the door. Rashel opens it.

"Rashel," he says. "Look!" Quentin points at the car.

"You have a new car?" she asks.

"Yes," says Quentin. He invites Rashel to ride. The two drive around town. Quentin drives slow. Many people stare at the car. It is a special car. Several men look **envious**. They want a cool car. Quentin is finally **happy**.

Quentin spends every day with the Jeep. He drives it. Sometimes he has nowhere to go. He just drives around town. He loves the car. He feels **confident** in the Jeep. He spends every evening cleaning the car. He polishes the doors and windows every night. Rashel waits for him. He is late for dinner. This makes Rashel **enraged**. She hates the Jeep Wagoneer. She thinks Quentin loves the car more than he loves her. She tells Quentin this and he tells her not to be **stupid**. He gives her a **loving** hug. He wants to show her she is wrong.

On Saturday, Rashel and Quentin go to the supermarket. Quentin drives them. The windows are down. Quentin wears sunglasses. He looks **confident** and sure of himself. He parks the car. The two go into the supermarket.

They shop for fruit.

"Quentin, can you get four apples?" asks Rashel. Quentin goes to get the fruit. He returns. But he has four oranges.

"Quentin, I said apples!" says Rashel.

"Yeah, I know," says Quentin.

"These are oranges!" says Rashel.

"Oh, sorry," says Quentin. He is **distracted**. He cannot concentrate.

"What is wrong?" asks Rashel.

"Nothing," says Quentin.

"What are you thinking about?" she asks.

"Nothing," says Quentin. He has an **anxious** look. He has a **worried** look in his eyes.

"Are you thinking about the car?" asks Rashel.

"No," says Quentin.

"Yes you are! I know it! Go get me some apples," says Rashel. She is **determined** to make Quentin pay attention. Quentin brings back the apples. He puts them in the cart. They finish grocery shopping. Quentin is quiet. He seems **withdrawn**. They go to the car.

The parking lot is full. Quentin inspects the Jeep carefully. He is **afraid** of marks or scratches. A car door leaves marks when it hits another door. There are many cars now. He does not see any scratches. Quentin unlocks the car. He gets in.

Rashel puts the groceries in the car. She returns the cart to the store. She opens the door and gets in.

"Quentin, I am **miserable**," she says. She is crying.

"What?" says Quentin. He is **surprised**. What is wrong?

"You only care about the car," says Rashel.

"That's not true," says Quentin.
"You don't help me do anything," says Rashel.

"I do! I care about you," says Quentin.

"If you care about me, sell this car," says Rashel.

CHAPTER 8
Going to A Meeting / telling time

HISTOIRE

Thomas quitte son appartement. C'est une belle journée. Le soleil brille. L'air est frais. Thomas a une réunion importante aujourd'hui. Thomas est le PDG d'une entreprise. Aujourd'hui, il rencontre de nouveaux investisseurs. Il est prêt pour la réunion. Il est détendu.

Il est **huit heures du matin**. Thomas marche dans la rue. Il est en avance. Il veut **plus de temps**. Il ne veut pas être en retard. Il ne veut pas être stressé.
Thomas vit dans une grande ville. Il y a de grands immeubles partout. Les taxis passent. Beaucoup de voitures passent. Thomas aime marcher. Parfois, il prend le métro.

Thomas veut prendre son petit-déjeuner. Il s'arrête à un café. L'atmosphère du café est détendue. Il y a de la musique. Thomas veut une pâtisserie.

« Que désirez-vous ? demande le barista.

- Un muffin, s'il vous plaît, dit Thomas.

- Myrtille ou chocolat ? demande le barista.

- Myrtille, s'il vous plaît, dit Thomas.

- Quelque chose à boire ? demande le barista.

- Un café, dit Thomas.

- Un café noir ? demande le barista.

- Non, avec un peu de crème, dit-il.

- À emporter? demande le barista. Thomas regarde sa montre. Il est **huit heures et demie**. Il a le temps.

« Pour ici », dit Thomas. Il s'assoit et mange. Il regarde les gens passer. Thomas regarde encore sa montre. Il est neuf heures **pile**. Il se lève. Thomas jette les déchets et aux toilettes. Il enlève sa montre pour se laver les mains. Sa montre est en or et il n'aime pas la mouiller. Son téléphone sonne.
« Bonjour, dit Thomas.

- Monsieur, êtes-vous au bureau? demande la secrétaire de Thomas.

- Pas encore, dit Thomas. Je suis en route. »

Il quitte le café. Thomas marche vers le métro. Il a le temps, alors il n'a pas besoin de prendre un taxi. Il regarde à nouveau sa montre. Mais sa montre n'est pas là. Thomas panique. Il repense à sa matinée. Est-ce qu'il l'a laissée à la maison? Non. Il se rappelle avoir enlevé la montre et s'être lavé les mains. La montre est au café.

Thomas retourne au café.

« Excusez-moi, avez-vous une montre en or? demande-t-il.
- Un instant, dit le barista. Il demande à ses collègues. Personne n'a la montre.

- Non, » dit le barista. Thomas va aux toilettes. Il regarde près de l'évier. La montre n'est pas là. Quelqu'un a la montre, pense Thomas. Il n'a plus le temps de la chercher.

« Excusez-moi, dit-il encore au barista, quelle heure est-il ?

- **Il est dix oh, non neuf heures** », dit le barista.

- Merci, dit Thomas. Thomas se dépêche. La réunion est à 11 h 45. Il se précipite vers l'arrêt de métro. Il y a une longue file d'attente pour acheter des billets. Il attend cinq **minutes**.

« Avez-vous l'heure? demande Thomas à une femme.

- Il dix heures **trente** », dit-elle. Thomas est en retard. Il quitte la longue file d'attente. Il se rend dans la rue. Il appelle un taxi. Tous les taxis sont pleins. Enfin, un taxi s'arrête. Thomas monte dans le taxi.

« Où allez-vous? demande le chauffeur.

- Entre la 116e et le Parc, dit Thomas.

- D'accord, dit le chauffeur.

- Dépêchez-vous, dit Thomas. Je dois être **à l'heure** pour une réunion.

- Oui, monsieur », dit le chauffeur.

Thomas arrive au bureau. Il sort en courant du taxi et monte les escaliers. Sa secrétaire lui dit bonjour. Thomas est en sueur!

« Monsieur, la réunion est maintenant **dans une heure** », dit la secrétaire. Thomas essuie la sueur de son visage.

« Bien », dit Thomas. Il se prépare pour la réunion. Sa chemise est mouillée. Elle sent mauvais. Thomas décide d'acheter une nouvelle chemise pour la réunion.

Thomas va au magasin en bas de la rue.

« Bonjour, monsieur, dit le vendeur. Comment pouvons-nous vous aider?
- J'ai besoin d'une nouvelle chemise », dit Thomas. Le vendeur emmène Thomas voir les chemises. Il y a des chemises roses, des chemises brunes, des chemises à carreaux et des chemises à motif écossais. Le vendeur parle beaucoup. Thomas est nerveux au sujet de l'heure.

« **Quelle heure est-il**? demande Thomas au vendeur.

- Il est **presque midi**, dit le vendeur.

- D'accord, dit Thomas. Donnez-moi la chemise brune. » La vendeuse apporte la chemise brune à la caisse. Elle plie la chemise. **Elle prend son temps**.

Le téléphone de Thomas sonne. C'est sa femme.

« Chéri, nous dînons à **19 heures**, dit-elle.

- Ok, chérie, dit Thomas. Je ne peux pas vraiment parler maintenant.

- D'accord, dit-elle. Je ne veux juste pas que tu rentres à la maison à neuf heures **du soir**.

- Ne t'inquiète pas, dit Thomas.

- Au revoir », dit sa femme. Thomas raccroche le téléphone.

« Excusez-moi, dit Thomas. Je suis pressé. Je n'ai pas besoin que la chemise soit emballée.

- D'accord », dit-elle. Thomas paie et quitte le magasin. Il change de chemise en marchant dans la rue. Les gens le regardent. Il se précipite au bureau.

« **Il est grand temps** », dit sa secrétaire lorsqu'il arrive. Ils attendent dans la salle de réunion. Les investisseurs sont assis autour de la table. Thomas dit bonjour.

« J'aime votre chemise, Thomas, dit l'un des investisseurs.

- Merci, dit Thomas. Elle est nouvelle. » Thomas pose son téléphone et allume son ordinateur.

« Merci d'être venus, dit Thomas. J'ai une présentation. Elle dure environ quinze minutes. »

Thomas se tourne vers sa secrétaire. « Quelle heure est-il? »

« Il est **midi heures quinze**, dit-elle.

- Merci, dit Thomas. Ma montre a disparu. »

« Pourquoi ne regardez-vous pas votre téléphone pour avoir l'heure? dit l'un des investisseurs.

- Bien sûr », dit Thomas. Il est tellement habitué à sa montre qu'il oublie qu'il peut regarder l'heure sur son téléphone!

« Je dois être la dernière personne au monde à n'utiliser qu'une montre pour **avoir l'heure** », dit Thomas. Tout le monde rit.

RÉSUMÉ

Thomas commence sa journée en avance. Il prend son petit déjeuner et se détend. Il va aux toilettes et laisse sa montre dans les toilettes. Quand il s'en rend compte, il retourne au café. La montre a disparu. Maintenant, il doit demander à tout le monde quelle heure il est. Il arrive au bureau en retard. Heureusement, sa réunion est reportée d'une heure. Il va acheter une nouvelle chemise. Cela prend plus de temps que prévu. Il se précipite à sa réunion. Lorsqu'il demande l'heure, encore une fois, il se rend compte qu'il pourrait simplement regarder son téléphone pour avoir l'heure. La réunion commence.

Liste de Vocabulaire

It is ___ o'clock	Il est ___ heures
in the morning	le matin
time	temps
half past ___	___ et demie
on the dot	exactement
second	seconde
What time is it?	Quelle heure est-il ?
___ oh ___	___ oh ___
a.m.	10 h 30.
a quarter to ___	___ et quart
minutes	minutes
Do you have the time?	Vous avez l'heure?
___ thirty	___ trente
on time	à l'heure
in an hour	dans une heure
What's the time?	Quelle heure est-il ?
nearly	presque
noon	midi
takes her time	prend son temps
p.m.	dans l'après-midi
at night	la nuit
about time	il est temps
___ minutes long	___ minutes
___ fifteen	___ quinze
tell the time	dire l'heure

QUESTIONS

1) Pourquoi Thomas perd-il sa montre ?
   a) Elle tombe
   b) Il laisse un étranger la prendre
   c) Il fait un pari
   d) Il l'enlève pour se laver les mains

2) Où vit Thomas?
   a) dans une petite ville
   b) dans une ville avec peu de moyens de transport
   c) dans une grande ville
   d) à la campagne

3) Thomas est chanceux parce que :
   a) il a de bons collègues
   b) sa réunion est reportée
   c) le métro n'est pas bondé
   d) il ne perd pas sa montre

4) Thomas dit au vendeur de ne pas emballer la chemise parce que :
   a) il est en retard pour sa réunion
   b) il y a de la sueur sur sa chemise
   c) sa femme attend au téléphone
   d) il déteste gaspiller des sacs

5) Tout le monde rit à la fin de l'histoire parce que :
   a) La chemise de Thomas est pleine de sueur
   b) Thomas est gêné
   c) Thomas oublie que l'on peut lire l'heure sur son téléphone
   d) Thomas perd sa montre.

RÉPONSES

1) Pourquoi Thomas perd-il sa montre ?
      d) Il l'enlève pour se laver les mains
2) Où vit Thomas?
      c) dans une grande ville
3) Thomas est chanceux parce que :
      b) sa réunion est reportée
4) Thomas dit au vendeur de ne pas emballer la chemise parce que :
      a) il est en retard pour sa réunion
5) Tout le monde rit à la fin de l'histoire parce que :
      c) Thomas oublie que l'on peut lire l'heure sur son téléphone

Translation of the Story
Going to A Meeting

STORY

Thomas leaves his apartment building. It is a beautiful day. The sun shines. The air is fresh. Thomas has an important meeting today. Thomas is the CEO of a company. Today he meets with new investors. He is prepared for the meeting. He feels relaxed.

It is **eight o'clock in the morning**. Thomas walks down the city street. He is early. He wants extra **time**. He does not want to be late. He does not want to stress.

Thomas lives in a big city. There are tall buildings everywhere. Taxis drive by. Lots of cars drive by. Thomas likes to walk. Sometimes he takes the subway.

Thomas wants to eat breakfast. He stops at a café. The café is relaxed. Music plays. Thomas wants a baked good.

"What would you like?" asks the barista.

"A muffin please," says Thomas.

"Blueberry or chocolate?" asks the barista.

"Blueberry, please," says Thomas.

"Anything to drink?" asks the barista.

"A coffee," says Thomas.

"Black?" asks the barista.

"No, with a bit of cream," he says.

"To go?" asks the barista. Thomas looks at his watch. It is **half past eight.** He has time.

"For here," says Thomas. He sits down and eats. He watches people walk by. Thomas looks at his watch again. It is nine o'clock **on the dot**. He gets up. Thomas throws out the trash and goes to the bathroom. He takes off his watch to wash his hands. His watch is gold and he doesn't like to get it wet. His phone rings.

"Hello," says Thomas.
"Sir, are you at the office?" asks Thomas's secretary.

"Not yet," says Thomas. "I'm on my way."

He leaves the coffee shop. Thomas walks towards the subway. He has time, so he doesn't need a taxi. He looks at his watch again. But his watch is not there. Thomas feels panic. He thinks back over the morning. Did he leave it at home? No. He remembers taking off the watch and washing his hands. The watch is at the coffee shop.

Thomas runs back to the coffee shop.

"Excuse me," he says to the barista.

"Do you have a gold watch?" he asks.
"Just a **second**," says the barista. He asks his colleagues. No one has the watch.

"No," says the barista. Thomas goes to the bathroom. He looks by the sink. The watch is not there. Someone has the watch, Thomas thinks. He has no time to look any more.

"Excuse me," he says to the barista again.

"**What time is it?**" he asks.

"**Ten oh nine a.m.**" says the barista.

"Thanks," says Thomas. Thomas hurries. He has the meeting at a quarter to eleven. He rushes to the subway stop. There is a long line to buy tickets. He waits for five **minutes**.

"Do you have the time?" Thomas asks a woman.

"It's ten **thirty**," she says. Thomas is late. He leave the long line. He goes to the street. He waves for a taxi. All the taxis are full. Finally, a taxi stops. Thomas gets into the taxi.

"Where are you going?" asks the driver.

"To 116th and Park," says Thomas.

"Ok," says the driver.

"Please hurry," says Thomas. "I need to be **on time** for a meeting."

"Yes, sir," says the driver.

Thomas arrives to the office. He runs out of the taxi and up the stairs. His secretary says hello. Thomas is sweaty!

"Sir, the meeting is now **in an hour**," says the secretary. Thomas wipes the sweat off his face.

"Good," says Thomas. He prepares for the meeting. His shirt is sweaty. It smells bad. Thomas decides to buy a new shirt for the meeting.

Thomas goes to the store down the street.

"Hi, sir," says the salesperson. "How can we help you?"

"I need a new dress shirt," says Thomas. The salesperson takes Thomas to see the shirts. There are pink shirts, brown shirts, checked shirts, and plaid shirts. The salesperson talks a lot. Thomas is nervous about the time.

"**What's the time?**" Thomas asks the salesperson.

"It's **nearly noon**," says the salesperson.

"Ok," says Thomas. "Give me the brown shirt." The salesperson takes the brown shirt to the cash register. She folds the shirt. She **takes her time**.

Thomas's phone rings. It is his wife.

"Honey, we have dinner at seven **p.m.**," she says.

"Ok, dear," says Thomas. "I can't really talk right now."

"Ok," she says. "I just don't want you to come home at nine o'clock **at night**."

"Don't worry," says Thomas.

"Bye," says his wife. Thomas hangs up the phone.

"Excuse me," says Thomas. "I'm in a hurry. I don't need the shirt wrapped."

"Ok," she says. Thomas pays and leaves the store. He changes his shirt as he walks down the street. People stare. He hurries to the office.

"It's **about time**," says his secretary when he walks in. They are waiting in the meeting. The investors sit around the table. Thomas says hello.

"I like your shirt, Thomas," says one of the investors.

"Thanks," says Thomas. "It is new." Thomas sets his phone down and turns on his computer.

"Thank you for coming," says Thomas. "I have a presentation. It is about fifteen minutes long."

Thomas turns to his secretary. "What time is it?"

"It is **twelve fifteen**," she says.

"Thanks," says Thomas. "My watch is missing."
"Why don't you look at your phone for the time?" says one of the investors.

"Of course," says Thomas. He is so accustomed to his watch that he forgets he can look at the phone for the time!

"I must be the last person in the world to only use a watch to **tell the time**," says Thomas. Everyone laughs.

CHAPTER 9
Lunch with The Queen / to be, to have + food

HISTOIRE

Ursula **est** une jeune fille. Elle vit à Londres, en Angleterre. Elle étudie à l'école. Elle aime cuisiner. Elle **a** une obsession : la famille royale. Elle veut **être** une princesse.

Un soir, Ursula est à la maison. Sa mère prépare son dîner. Elles **ont** quelque chose de nouveau. Sa mère apporte l'assiette sur la table.

« Qu'est-ce que c'**est** ? demande Ursula.

- Ce sont des **poireaux**, dit la mère d'Ursula.

- Oh, je n'aime pas les poireaux, dit Ursula.

- Essaie, dit sa mère. Elle essaie. Elle vomit presque.

« Je **suis** malade, dit Ursula.

- Non, tu ne l'es pas, dit sa mère.

- S'il te plaît, donne-moi d'autres **légumes**, dit Ursula, **carottes, brocoli, salade**? »

- Oh, Ursula, mange ta **viande** alors, dit sa mère. Elle allume la télévision. Elles regardent les infos. Le reportage parle de la Reine d'Angleterre. Ursula arrête de manger. Elle écoute attentivement.

« La reine Elizabeth règne en Angleterre depuis 68 ans, dit le journal. Elle est mariée au prince Phillip. Ils ont quatre enfants. »

Le reportage parle de la Reine. Elle vit à Buckingham Palace. Elle est en très bonne santé, malgré son âge.

« Je veux visiter le palais de Buckingham, dit Ursula.

- Oui, ma chérie, dit sa mère. Elles regardent l'émission. L'émission annonce un concours spécial. Une personne peut gagner une visite au palais de Buckingham. Le gagnant **déjeunera** avec la reine. Ursula hurle.
« Je **dois** gagner! crie-t-elle.

- Je ne sais pas, dit sa mère, beaucoup de gens participent au concours. »

Ursula regarde le programme. Elle découvre comment participer. Elle prend une photo d'elle en train de manger. Ensuite, elle l'affiche sur les médias sociaux. Elle regarde le programme, qui parle de manger avec la reine. Elle regarde ce qui est arrivé à un prince du Pacifique Sud.

La reine est sur un bateau avec le prince. On sert le **dessert**. Le prince oublie de regarder la reine. Il prend des **raisins** et des **cerises** parmi les **fruits** sur la table et les met dans son bol. Il verse de la **crème** sur eux. Il saupoudre du **sucre** sur le dessus. Il commence à manger, puis il se rend compte que la Reine ne l'a pas fait.

Il fait une grosse erreur. La Reine prend sa cuillère. Elle mange un peu. Le prince se sent mieux. Il est très gêné.

« Il y a des règles pour manger avec la Reine? demande-t-elle à sa mère.

- Bien sûr, dit sa mère.
- Comme quoi ? demande Ursula.
- Eh bien, la reine commence le **repas** et le termine, dit la mère d'Ursula.
- Tu veux dire qu'on ne peut pas manger jusqu'à ce qu'elle le fasse, dit Ursula.

- C'est exact, dit sa mère. Et quand elle a fini, tu finis aussi.

- Et si on n'a pas terminé ? demande Ursula.

- On a terminé, dit sa mère. Et on doit attendre que la Reine s'assoie.

- Avant de s'asseoir ? dit Ursula.

- C'est ça, dit sa mère. Ursula y pense. Il y a beaucoup de règles si vous êtes reine ou princesse. Ursula et sa mère terminent le dîner. Elles vont se coucher.

Le lendemain matin, Ursula se réveille. Elle est nerveuse au sujet du concours. Aujourd'hui, on annonce le gagnant. Elle prend le **petit-déjeuner** avec sa mère.

« Je suis nerveuse, dit-elle.

- Ursula, tu ne gagneras pas, dit sa mère. Tant de gens participent au concours.
- Oh » dit Ursula. Elle est triste. Elle mange ses **céréales**. Elle n'a pas faim. Elle ne touche pas à son **bacon** et ses **œufs**.

Elles allument la télévision.

« Et nous annonçons le gagnant du concours pour le déjeuner avec la Reine », explique l'homme à la télévision. Il met sa main dans un énorme bol en verre rempli de papiers. Il secoue la main. Il sort un papier. Il ouvre le papier.

« Et la gagnante est… Ursula Vann ! », dit-il.

Ursula regarde sa mère. Sa mère la regarde.

« As-tu entendu cela? demande-t-elle. Sa mère hoche la tête, le regard fixe. Sa bouche est ouverte.
- Ai-je gagné? demande-t-elle. Sa mère acquiesce, sans voix.

- Youhou! s'écrie Ursula. Je savais que j'y arriverai! Je vais voir la Reine! » Ursula termine son plat et va à l'école.

Le lendemain, c'est le jour du déjeuner avec la Reine. Ursula se dirige vers le palais. Elle est terrifiée. Elle n'est qu'une jeune fille. C'est une grande aventure pour une si jeune fille.

« Qui êtes-vous ? demande un gardien.

- Ursula Vann, dit-elle. J'ai gagné le concours pour déjeuner avec la reine.

- Oh, bonjour, jeune fille, dit le gardien. Vous êtes une fille plutôt jeune. Entrez.
- Merci, dit-elle.

Un garde l'emmène au palais. C'est grandiose et très grand. Ils traversent les couloirs. Le garde a un drôle de chapeau. Ursula rit. Puis, elle s'arrête. Ils sont dans la salle à manger.

La Reine d'Angleterre est assise à la table! Il y a une assiette de **sandwichs** devant elle. Elle est petite. Elle est heureuse, et elle sourit.

« Bonjour, ma chère, dit-elle.

- Bonjour, Votre Majesté, dit Ursula. Elle fait la révérence.

- Merci d'être venue déjeuner, dit-elle.

- C'est un plaisir, Votre **Majesté**, dit Ursula.

- J'espère que cela ne vous dérange pas. Nous prendrons le **thé** au lieu d'un bon repas », dit la reine. Elle s'assoit de nouveau. Ursula se souvient de ses manières. Elle s'assoit aussi.

« Les sandwichs sont des sandwichs royaux, pense-t-elle. Ils ressemblent beaucoup à des sandwichs de la maison, cependant. Certains ont du **jambon** et du **fromage**, avec un peu de **moutarde** jaune. D'autres sont tartinés de salade de **mayonnaise**. Il y a une assiette de **biscuits** à côté de quelques **scones**.

« Pardonnez-moi, Votre Majesté, dit Ursula.

- Oui, ma chère ? dit la reine.

- Qu'y a-t-il sur ce sandwich? demande-t-elle.

- Oh, c'est mon plat préféré, dit la reine. Sandwich à la **salade** de poireaux.

- Oh, les poireaux, dit Ursula. Elle se sent malade. La Reine lui en tend un. Elle en prend une bouchée.

- Prenez-en un, ma chère, dit la reine.

- Merci, Votre Majesté, dit Ursula. Elle prend un sandwich aux poireaux. Elle peut sentir son estomac se retourner. Elle prend une bouchée énorme parce qu'elle est très nerveuse. Son visage devient blanc, puis vert.

« Ça va, ma chère ? demande la Reine. Vous avez l'air très malade.
- Je vais bien », dit Ursula. Elle sent son estomac se retourner. Elle a l'impression qu'elle va vomir. Elle ne peut pas empêcher les poireaux de remonter dans sa gorge. Au moins elle a suivi les autres règles pour manger avec la Reine, pense-t-elle. Personne n'a jamais parlé de vomir.

RÉSUMÉ

Ursula est une jeune fille. Elle vit à Londres, en Angleterre. Elle est obsédée par la famille royale. Elle dîne avec sa mère et regarde la télévision. À la télévision, ils annoncent un concours. Le gagnant peut déjeuner avec la reine elle-même. Ursula entre. Le lendemain, au petit déjeuner, ils annoncent le gagnant. C'est Ursula ! Elle se rend au Palais de Buckingham pour le déjeuner. Elle suit les règles pour manger avec la Reine. La Reine a préparé des sandwichs spéciaux. Malheureusement, la salade de poireaux n'est pas le plat préféré d'Ursula. Elle se sent malade quand elle regarde la reine manger le sandwich.

Liste de Vocabulaire

is	est
has	a
to be	être
have	avoir
are	sont
leeks	poireaux
am	suis
vegetable	légumes
carrot	carotte
broccoli	brocoli
salad	salade
lunch	déjeuner
have to	devoir
dessert	dessert
grapes	raisins
cherries	cerises
fruit	fruit
cream	crème
sugar	sucre
meal	repas

breakfast	petit déjeuner
cereal	céréales
egg	œuf
bacon	bacon
sandwiches	sandwichs
tea	thé
ham	jambon
cheese	fromage
mustard	moutarde
cookies	cookies
scones	scones
salad	salade

QUESTIONS

1) Que se passe-t-il lorsqu'Ursula essaie les poireaux pour la première fois?
    a) elle les aime
    b) sa mère les brûle
    c) elle a presque vomi
    d) elle ne les remarque pas

2) Quelle est la règle pour manger avec la reine d'Angleterre?
    a) vous ne devez pas manger avant elle
    b) vous devez porter du bleu
    c) vous devez manger des sandwichs
    d) vous devez vous asseoir avant elle

3) Que pense la mère d'Ursula du concours?
    a) Ursula a une chance de gagner
    b) c'est un faux concours
    c) la Reine ne devrait pas participer
    d) Ursula ne gagnera jamais

4) Qu'est-ce que la reine a à manger?
    a) un bon rôti
    b) du saumon, son préféré
    c) des biscuits et sandwichs
    d) c'est top secret

5) Lequel des énoncés suivants est vrai?
    a) Ursula part en plein milieu du déjeuner
    b) Ursula ne peut pas contrôler sa réaction face aux poireaux
    c) la Reine a fait les sandwichs elle-même
    d) les sandwichs ne sont pas bons pour le déjeuner

RÉPONSES

1) Que se passe-t-il lorsque Ursula essaie les poireaux pour la première fois?
    c) elle a presque vomi
2) Quelle est la règle lorsque vous mangez avec la Reine d'Angleterre?
    a) vous ne devez pas manger avant elle
3) Que pense la mère d'Ursula du concours?
    d) Ursula ne gagnera jamais
4) Qu'est-ce que la reine a à manger?
    c) biscuits et sandwichs
5) Lequel des énoncés suivants est vrai?
    b) Ursula ne peut pas contrôler sa réaction face aux poireaux

Translation of the Story
Lunch with The Queen

STORY

Ursula **is** a young girl. She lives in London, England. She studies at school. She loves to bake. She **has** an obsession: the royal family. She wants **to be** a princess.

One night, Ursula is at home. Her mother prepares her dinner. They **have** something new. Her mother brings the plate to the table.

"What **are** those?" asks Ursula.

"These are **leeks**," says Ursula's mom.

"Oh, I don't like leeks," says Ursula.

"Try them," says her mom. She tries them. She almost vomits.

"I **am** sick," says Ursula.

"No, you are not," says her mom.

"Please, give me any other **vegetable**," says Ursula. "**Carrots, broccoli, salad**?"

"Oh, Ursula, just eat your **meat** then," says her mom. She turns on the television. They watch the news. The report is about the Queen of England. Ursula stops eating. She pays close attention.

"Queen Elizabeth reigns in England for 68 years," says the news report. "She is married to Prince Phillip. They have four children."

The news report talks about the Queen. She lives in Buckingham Palace. She is very healthy, despite her age.

"I want to visit Buckingham Palace," says Ursula.

"Yes, dear," says her mom. They watch the program. The program announces a special competition. One person can win a visit to Buckingham Palace. The winner will eat **lunch** with the queen. Ursula screams.

"I **have to** win!" she shouts.

"I don't know," says her mom. "Many people enter the contest."

Ursula watches the program. She learns how to enter. She takes a picture of herself eating. Then she posts it on social media. She watches the program, which talks about eating with the Queen. She watches as they show what happened to a prince from the South Pacific.

The Queen is on a boat with the prince. They serve **dessert**. The prince forgets to watch the Queen. He takes some **grapes** and some **cherries** from the **fruit** on the table and puts them in his bowl. He pours **cream** over them. He sprinkles **sugar** on top. He starts to eat, and then he realizes the Queen has not. He makes a big mistake. The Queen takes her spoon. She eats a bit. That makes the prince feel better. He is very embarrassed.

"There are rules to eat with the Queen?" she asks her mom.

"Of course," says her mom.

"Like what?" asks Ursula.

"Well, the Queen begins the **meal** and ends the meal," says Ursula's mom.

"You mean you can't eat until she does," says Ursula.

"That's right," says her mom. "And when she finishes, you finish, too."

"What if you aren't finished?" asks Ursula.
"You are," says her mom. "And you must wait for the Queen to sit."

"Before you sit?" says Ursula.

"Right," says her mom. Ursula thinks about this. There are lots of rules if you are queen or princess. Ursula and her mom finish dinner. They go to sleep.

The next morning, Ursula wakes up. She is nervous about the contest. Today they announce the winner. She eats **breakfast** with her mom.

"I am nervous," she says.

"Ursula, you won't win," says her mom. "So many people are in the contest."

"Oh," says Ursula. She is sad. She eats her **cereal**. She is not hungry. Her **bacon** and **eggs** sit untouched.

They turn on the television.

"And we announce the winner of the Lunch with the Queen Contest," says the man on the TV. He puts his hand into a huge glass bowl full of papers. He moves his hand around. He pulls out a paper. He opens the paper.

"And the winner is…Ursula Vann!" he says.

Ursula looks at her mom. Her mom looks at her.

"Did you hear that?" she asks. Her mom nods, staring. Her mouth is open.
"Did I win?" she asks. Her mom nods, speechless.

"Woo-hoo!" shouts Ursula. "I knew I would! I'm going to see the queen!" Ursula finishes her food and goes to school.

The next day is the day for lunch with the Queen. Ursula walks up to the palace. She is terrified. She is only a young girl. This is a big adventure for such a young girl.

"Who are you?" asks a guard.

"Ursula Vann," she says. "I won the contest to have lunch with the Queen."

"Oh, hello, young lady," the guard says. "You are a pretty young lass. Come in."
"Thank you," she says.

A guard takes her to the palace. It is grand, and very big. They walk through the halls. The guard has a funny hat. Ursula giggles. Then, she stops. They are in the dining room.

The Queen of England is sitting at the table! There is a plate of **sandwiches** in front of her. She is small. She is happy, and she is smiling.

"Hello, dear," she says.

"Hello, your majesty," Ursula says. She courtsies.

"Thank you for coming to lunch," she says.

"It is my pleasure, your **Majesty**," says Ursula.
"I hope you don't mind. We will be having **tea** instead of a proper lunch," says the Queen. She sits again. Ursula remembers her manners. She sits, too.

The sandwiches are royal sandwiches, she thinks. They look a lot like sandwiches from home, though. Some have **ham** and **cheese**, with a yellow bit of **mustard**. Others have a **mayonnaise** salad on them. There is a plate of **cookies** next to some **scones**.

"Pardon me, your Majesty," says Ursula.

"Yes, dear?" says the Queen.

"What is on that sandwich?" she asks.

"Oh, that's my favorite," says the Queen. "Leek **salad** sandwich."

"Oh, leeks," says Ursula. She feels sick. The Queen reaches for one. She takes a bite.

"Have one, dear," says the Queen.

"Thank you, your Majesty," says Ursula. She takes a leek sandwich. She can feel her stomach turn. She takes a huge bite because she is so nervous. Her face turns white, then green.
"Are you alright, dear?" asks the Queen. "You look quite unwell."

"I- I- I'm fine," says Ursula. She feels her stomach turning. She feels as if she will vomit. She can't stop the leeks from coming back up her throat. At least she followed the other rules for eating lunch with the Queen, she thinks. Nobody ever said anything about vomiting.

French Dialogues for Beginners
Book 4

Over 100 Daily Used Phrases and Short Stories to Learn French in Your Car. Have Fun and Grow Your Vocabulary with Crazy Effective Language Learning Lessons

www.LearnLikeNatives.com

CHAPTER 10
The Driver's License / question words

HISTOIRE

Wayne vit dans une ville. Wayne a quarante ans. Il conduit habituellement sa voiture pour se rendre au travail. Wayne est en retard au travail aujourd'hui. Wayne roule de plus en plus vite. Il roule au-dessus de la limitation de vitesse. Il doit se rendre au travail à l'heure. Aujourd'hui, il a une réunion importante.

Wayne entend un bruit. Il regarde derrière lui. Il y a une voiture de police derrière lui. « Oh, non, pense-t-il. Je vais plutôt vite. » Il arrête la voiture. La voiture de police s'arrête aussi. Un policier sort. Il marche jusqu'à la voiture de Wayne.
« Bonjour, » dit le policier.

« Bonjour, monsieur », dit Wayne.

« **Pourquoi** pensez-vous que je vous ai arrêté ? » demande le policier.

« Je ne sais pas. **Quelle** loi enfreins-je? » demande Wayne.

« Vous allez beaucoup trop vite », dit le policier.

« **Combien de** kilomètres à l'heure suis-je au-dessus de la limitation de vitesse? » demande Wayne.

« Assez, dit le policier. **Où** allez-vous si vite? »

« Au travail », dit Wayne.

« Montrez-moi votre permis de conduire », dit l'agent. Wayne sort son portefeuille. Il l'ouvre. Il retire son permis de conduire. Il le donne à l'officier de police.

« Ce permis est expiré », dit l'agent. « Vous avez de gros problèmes. » L'agent dit à Wayne qu'il ne peut pas conduire avec un permis expiré. Wayne doit obtenir un nouveau permis. Wayne est d'accord. L'agent lui dit qu'il ne peut pas aller au travail en voiture aujourd'hui. Wayne doit vivre sans voiture.

Wayne doit arrêter de conduire sa voiture. Maintenant, il va travailler autrement. Il peut choisir entre le train ou l'autobus. Parfois, il fait du vélo. S'il est en retard, il prend un taxi. Aujourd'hui, il est encore en retard.
Wayne arrive au bureau.

« Bonjour, Wayne », dit son collègue, Xavier. « **Comment** êtes-vous venu ici? Votre permis est expiré, n'est-ce pas? »

« Oui, c'est le cas, dit Wayne. Aujourd'hui, je suis venu en taxi. **À quelle distance** se trouve votre maison? » Xavier se rend habituellement au travail à pied.

« Ma maison est à un kilomètre, dit Xavier. **Combien de temps** faut-il pour arriver en taxi? »

« Oh, environ 20 minutes », dit Wayne.

« Pas mal, dit Xavier. Et **combien coûte** le taxi? »
« Environ vingt dollars », dit Wayne.

« Oh, c'est un peu cher, dit Xavier. Quelle compagnie de taxi est-ce? »

« Birmingham Taxi », dit Wayne. « Pourquoi êtes-vous si intéressé? »

« Ma famille possède une compagnie de taxi, dit Xavier. Mon frère la dirige. »

« Super, dit Wayne. Est-ce que je peux avoir un trajet gratuit? » Ils rient tous les deux. Wayne plaisante. Mais il doit résoudre son problème. Il ne peut pas payer un taxi tous les jours. Il décide que demain il va aura son nouveau permi.

Le lendemain, Wayne prend l'autobus pour se rendre au Bureau des Permis, le département des véhicules automobiles, où les gens obtiennent leur permis de conduire. Il sort de sa voiture. Il y a la queue dehors. Beaucoup de gens doivent obtenir leur permis. Les employés du bureau sont lents. Il fait la queue. Après une heure, il est à l'intérieur de l'immeuble. Il y a une autre file d'attente. Il attend.

« **Qui** est le prochain? » demande la femme.

« Moi », dit Wayne.

« Eh bien, venez! » dit-elle. Elle est impatiente. « De quoi avez-vous besoin? »

« Je dois renouveler mon permis », dit Wayne.

« Donnez-moi votre ancienne carte », dit-elle.
« Je ne l'ai pas, » dit Wayne. Elle le fixe. Elle semble en colère.

« **Pourquoi ne** l'avez-vous **pas** ? » demande-t-elle.

« Je ne le trouve pas », dit Wayne.

« **Avec qui est-ce que je parle**? » demande-t-elle.

« Que voulez-vous dire? » demande Wayne. Il est confus.

« Bon, petit malin, dis-moi ton prénom et ton nom », dit-elle. Wayne lui dit. « **Quel âge** avez-vous? » demande-t-elle.
« **Pour quoi**? » demande Wayne.

« Je dois confirmer votre date de naissance, dit-elle. **Quand** êtes-vous né? »

Wayne lui dit. Elle regarde son ordinateur. Elle prend beaucoup de temps. Elle secoue la tête.

« Je ne peux pas vous trouver, dit-elle. Il y a un problème avec le système aujourd'hui. Revenez demain. »

« Je ne peux pas », dit Wayne.

« Si vous voulez votre permis aujourd'hui, vous devrez passer l'examen de conduite », dit-elle.

« **Pourquoi**? » demande Wayne.
« L'ordinateur dit que vous n'avez pas de permis », dit-elle. Wayne a besoin de son permis aujourd'hui. Il se rend dans l'autre file d'attente. Il passera son permis de conduire. Facile, pense-t-il. Il sait conduire. Tous les autres sont des adolescents. Il est le plus âgé dans cette file.

« **À qui** le tour ? » demande un grand homme avec un costume marron.

« Le mien », dit Wayne. Il suit le grand homme jusqu'à sa voiture. Ils montent dans la voiture. Wayne essaie de se souvenir de tout ce qu'on fait lors d'un examen de conduite. Il vérifie les rétroviseurs. Il met sa ceinture de sécurité. Il voit l'examinateur écrire sur un bloc-notes.

« D'accord, allons-y », explique l'examinateur.

Wayne sort de l'emplacement de stationnement en faisant attention. Il conduit lentement. Il utilise son clignotant. Il prend la route et roule sous la limite de vitesse. L'examinateur le dirige à travers la ville. Wayne s'assure de s'arrêter aux feux orange et d'utiliser son clignotant. Wayne fait du bon travail.

Wayne pense qu'il a réussi. L'examinateur lui dit de retourner au Bureau. Cependant, l'examinateur lui dit d'arrêter.

« Maintenant, vous devez vous garer en parallèle », dit l'examinateur. Wayne ne se gare jamais en parallèle. Il est nerveux. L'examinateur le dirige vers un petit espace de stationnement. Wayne gare la voiture dans l'emplacement. Il a presque fini de se garer. Mais il entend un bruit de choc. Sa voiture heurte la voiture derrière lui.

« Oh, non », dit Wayne.

« C'est un échec automatique », explique l'examinateur. « Désolé, vous avez raté votre examen de conduite. »

Wayne sort de la voiture pour laisser l'examinateur ramener la voiture au Bureau.

« Depuis **combien d'années** conduisez-vous? » demande l'examinateur.
« Vingt-quatre, dit Wayne. Il a honte. Il doit revenir demain.

RÉSUMÉ
Wayne a un permis de conduire. Il est expiré. Wayne doit prendre des taxis, des autobus et d'autres moyens de transport. Il décide de renouveler son permis. Il se rend au Bureau des Permis pour le faire. Il attend dans une longue file d'attente et doit répondre à beaucoup de questions. Il y a un problème avec le système informatique. Wayne doit repasser l'examen de conduite. Il fait du bon travail avec l'examinateur dans la voiture. Cependant, Wayne rate son examen parce qu'il n'a pas pratiqué le stationnement en parallèle.

Liste de Vocabulaire

why	pourquoi
which	qui
how many	combien
where	où
how	comment
how far	jusqu'où
how long	combien de temps
how much	combien
who	qui
what	quoi
why don't	pourquoi ne pas
with whom	avec qui
how old	quel âge
what for	Pour quoi
when	quand
how come	comment se fait-il
whose	dont
how many	combien

QUESTIONS

1) Pourquoi Wayne est-il arrêté par le policier?
    a) il grille un feu rouge
    b) sa voiture est cassée
    c) il va trop vite
    d) c'est un criminel

2) Wayne a de gros ennuis avec l'agent parce que...
    a) son permis est expiré
    b) sa voiture n'est pas immatriculée
    c) il crache sur le policier
    d) il ne répond pas au policier

3) Lequel de ces moyens de transport coûte 20 $ à Wayne pour se rendre au travail?
    a) vélo
    b) autobus
    c) train
    d) taxi

4) Wayne n'apparaît pas dans le système informatique du Bureau des Permis. Pourquoi?
    a) il n'a jamais eu son permis
    b) il passe une mauvaise journée
    c) il y a un problème avec le système
    d) sa date d'anniversaire est fausse

5) Pourquoi Wayne échoue-t-il à son test?
    a) c'est un nouveau conducteur
    b) il se gare mal parce qu'il n'a pas pratiqué ce type de stationnement
    c) il se gare mal parce que la voiture est trop grande
    d) il est ivre

RÉPONSES

1) Pourquoi Wayne est-il arrêté par le policier?

     c) il va trop vite

2) Wayne a de gros ennuis avec l'agent parce que...

     a) son permis est expiré

3) Lequel de ces moyens de transport coûte 20 $ à Wayne pour se rendre au travail?

     d) taxi

4) Wayne n'apparaît pas dans le système informatique du Bureau de Permis. Pourquoi?

     c) il y a un problème avec le système

5) Pourquoi Wayne échoue-t-il à son test?

     b) il se gare mal parce qu'il n'a pas pratiqué ce type de stationnement

Translation of the Story
The Driver's License

STORY

Wayne lives in a city. Wayne is forty years old. He usually drives his car to work. Wayne is late to work today. Wayne drives faster and faster. He drives over the speed limit. He needs to get to work on time. Today he has an important meeting.

Wayne hears a sound. He looks behind him. There is a police car behind him. Oh, no, he thinks. I am going rather fast. He stops the car. The police car stops, too. A policeman gets out. He walks over to Wayne's car.

"Hello," says the police officer.
"Hello, sir," says Wayne.

"**Why** do you think I pulled you over?" asks the policeman.

"I don't know. **Which** law am I breaking?" asks Wayne.

"You are going way too fast," says the policeman.

"**How many** kilometers per hour am I over the speed limit?" asks Wayne.

"Enough," says the policeman. "**Where** are you going in such a hurry?"

"To work," says Wayne.

"Show me your driver's license," says the officer. Wayne takes out his wallet. He opens it. He pulls out his driver's license. He gives it to the police officer.

"This is expired," says the officer. "You're in big trouble." The officer tells Wayne he can't drive with an expired license. Wayne must get a new license. Wayne agrees. The officer tells him he can't drive to work today. Wayne must live without a car.

Wayne has to stop driving his car. Now he goes to work other ways. He can choose between the train or the bus. Sometimes, he rides his bike. If he is late, he takes a taxi. Today, he is late again.

Wayne arrives to the office.

"Hi, Wayne," says his colleague, Xavier. "**How** did you get here? Your license is expired, right?"

"Yes, it is," says Wayne. "Today I am in taxi. **How far** is your house from here?" Xavier usually walks to work.

"My house is a kilometer away," says Xavier. "**How long** does a taxi take to get here?"

"Oh, about twenty minutes," says Wayne.

"Not bad," says Xavier. "And **how much** does the taxi cost?"

"About twenty dollars," says Wayne.

"Oh, that is a bit expensive," says Xavier. "Which taxi company is it?

"Birmingham Taxi," says Wayne. "Why are you so interested?"

"My family owns a taxi company," says Xavier. "My brother runs it."

"Nice," says Wayne. "Can I get a free ride?" They both laugh. Wayne is kidding. But he needs to solve his problem. He can't pay for a taxi every day. He decides tomorrow he is going to get his license.

The next day, Wayne takes the bus to the DMV, the Department of Motor Vehicles. This is the building where people get their driver's license. He gets out of his car. There is a line outside. Many people have to get their license. The office is slow. He gets in the line. After an hour, he is inside the building. There is another line. He waits.

"**Who** is next?" asks the woman.

"Me," says Wayne.

"Well, come on!" she says. She is impatient. "**What** do you need?"

"I need to renew my license," says Wayne.

"Give me your old card," she says.

"I don't have it," says Wayne. She stares at him. She seems angry.
"**Why don't** you have it?" she asks.

"I can't find it," says Wayne.

"**With whom** am I speaking?" she asks.

"What do you mean?" asks Wayne. He is confused.

"Ok, smart guy, tell me your first and last name," she says. Wayne tells her.

"**How old** are you?" she asks.

"**What for**?" asks Wayne.

"I have to confirm your birth date," she says. "**When were you born?**"
Wayne tells her. She looks at her computer. She takes a long time. She shakes her head.

"I can't find you," she says. "There is a problem with the system today. Come back tomorrow."

"I can't," says Wayne.

"If you want your license today, you will have to take the driving test over," she says.

"**How come**?" asks Wayne.

"The computer says you have no license," she says. Wayne needs his license today. He goes to the other line.

He will take his driver's test. Easy, he thinks. He knows how to drive. All the other people are teenagers. He is the oldest in this line.

"**Whose** turn is it?" asks a big man with a brown suit.

"Mine," says Wayne. He follows the big man to his car. They get in the car. Wayne tries to remember everything you do in a driver's test. He checks the mirrors. He puts on his seatbelt. He sees the examiner writing on a notepad.

"Okay, let's go," says the examiner.

Wayne carefully backs out of the parking space. He drives slowly. He uses his turn signal. He gets on the road and drives under the speed limit. The examiner directs him through the town. Wayne makes sure to stop at yellow lights and to use his blinker. Wayne does a good job.

Wayne thinks he passes. The examiner directs him back to the DMV. However, the examiner tells him to stop.

"Now you must parallel park," says the examiner. Wayne never parallel parks. He is nervous. The examiner directs him to a tiny parking space. Wayne turns the car into the space. He is almost finished parking. But then he hears a 'ding' sound. His car hits the car behind him.

"Oh, no," says Wayne.

"That is an automatic fail," says the examiner. "Sorry, you fail your driver's test."

Wayne gets out of the car to let the examiner drive the car back to the office.

"How many years have you been driving?" asks the examiner.

"Twenty-four," says Wayne. He is ashamed. He has to come back tomorrow.

CHAPTER 11
At the Travel Agency / likes and dislikes

HISTOIRE

Yolanda et Zelda sont sœurs. Elles ont une vie très remplie. Elles vivent toutes les deux à New York. Yolanda est coiffeuse pour les célébrités. Zelda est avocate et a deux enfants. Elles sont tellement occupées que parfois elles ne se voient pas pendant des mois.

Yolanda a une idée un jour. Elle appelle Zelda.

« Zelda, ma chérie ! Comment vas-tu ? demande-t-elle.
« Bien, sœurette, dit Zelda. Comment ça va ? »

« Super! J'ai eu une idée merveilleuse, dit Yolanda. **Nous devrions** faire un voyage ensemble! »

« Quelle excellente idée, dit Zelda. **Je l'adore**! Où aller? »

« Je ne sais pas, n'importe où, dit Yolanda. Partout! **J'aimerais** aller n'importe où avec toi! »

« Allons à l'agence de voyages demain, dit Zelda. Ils peuvent nous aider. »

Les sœurs se rencontrent le lendemain. Zelda apporte des pages de recherche sur les vacances. Les pages parlent de différents types de voyages. Il y a le tourisme récréatif, qui consiste à se détendre et s'amuser à la plage. Il y a le tourisme culturel qui consiste à visiter des musées pour en apprendre davantage sur l'histoire et l'art. Le tourisme d'aventure est pour les gens qui **adorent** explorer des endroits éloignés et les activités extrêmes. L'écotourisme, c'est aller dans des lieux naturels.

Yolanda lit les journaux. Le tourisme sanitaire consiste à prendre soin de votre corps et de votre esprit en visitant des endroits comme des stations thermales. Le tourisme religieux est un voyage qui consiste à célébrer des événements religieux ou à visiter des lieux religieux importants.

« Il y a tellement de types de voyages », dit Yolanda.

« Oui, dit Zelda. **J'aime** voyager pour une raison. Je ne peux pas rester allongée sur la plage, ne rien faire. » Yolanda aime la plage. Elle aime ne rien faire en vacances. Elle ne dit rien.

Les sœurs arrivent à l'agence de voyages. L'agent de voyages est une femme. Elle a l'air gentille. Yolanda et Zelda s'assoient avec elle.

« Comment puis-je vous aider? » demande l'agent.

« Nous aimerions faire un voyage », dit Yolanda.

« Quel genre de voyage? » demande l'agent.

« **Je suis folle de** culture, dit Zelda. J'aime les musées. J'aime l'art. »

« **Je préférerais** aller quelque part avec le soleil. J'adore les activités en plein air, dit Yolanda.

« Les gens voyagent pour toutes sortes de raisons », explique l'agent. « Qu'en est-il de Barcelone ? »

« Oh, je ne sais pas, dit Zelda. **Je ne supporte pas** de ne pas connaître la langue locale. »

« Nous ne parlons pas espagnol », dit Yolanda.

« Voulez-vous Paris ? » demande l'agent. « Il y a de très bons musées et restaurants. »

« Nous ne parlons pas français non plus », disent-elles.

« Et Londres ? » demande l'agent.

« Super! » dit Zelda.

« C'est tellement pluvieux! » dit Yolanda en même temps. Les sœurs se regardent.

« Tu as dit que tu t'en moquais Yoli! » dit Zelda.

« Je veux voyager avec toi, dit Yolanda. **Je ne suis pas en colère à propos de** Londres. **Je déteste** la pluie! »

« Allez, Yolanda », dit Zelda. « S'il te plaît! »

L'agent montre les photos de Londres aux femmes. Elles voient les bâtiments célèbres. Yolanda aimerait voir Big Ben. Zelda est enthousiasmée par la Tate Modern.

« Quel genre d'hôtel aimeriez-vous? » demande l'agent.

« Nous pourrions prendre un appartement sur Airbnb », dit Yolanda.

« Non, **je déteste** rester chez les autres », dit Zelda.

« Nous avons de beaux hôtels dans le centre-ville », explique l'agent.

« Ça a l'air génial », dit Zelda.

Zelda préfère les hôtels de luxe. Elle sait que Yolanda **n'aime pas beaucoup** les hôtels de luxe. Mais Zelda ne part jamais en vacances. Elle veut que ces vacances soient parfaites. L'agent de voyages montre les photos aux sœurs. Les chambres d'hôtel sont immenses. Certaines ont une baignoire au milieu de la chambre.

« Elles sont magnifiques, dit Zelda. Cela te dérange-t-il si nous restons dans un hôtel chic, Yolanda? »

« **Pas du tout** », dit Yolanda. Zelda sait qu'elle **n'aime pas** les hôtels chics. Yolanda est triste. Zelda fait ce qu'elle veut.

« **Qu'aimeriez-vous** faire pendant votre séjour à Londres? » demande l'agent de voyages.

« Nous serions ravies d'aller dans tous les musées, de visiter le palais et de visiter quelques galeries d'art », explique Zelda.

« D'accord, dit l'agent de voyages. Il y a probablement assez d'activités pour remplir votre séjour à Londres. »

Yolanda ne dit rien. Les sœurs paient et quittent l'agence de voyages. Zelda est heureuse. Yolanda aimerait que les vacances soient plus son style. Elle rentre chez elle. Elle pense au voyage. Elle sourit. Elle a un plan.

Le lendemain, Yolanda retourne chez l'agent de voyages.

« Oh bonjour, Yolanda, dit l'agent. Comment puis-je vous aider? »
« **Nous voulons** changer un peu notre voyage », dit Yolanda.

« Pas de problème », dit l'agent de voyages.

« **Nous préférerions** aller dans un endroit ensoleillé », dit Yolanda.

« Bien sûr », explique l'agent de voyages. L'agent de voyages propose de nombreuses destinations différentes. Yolanda signe de nouveaux papiers. Elle donne de l'argent à l'agent pour les frais. Elle imagine Zelda en vacances. Elle sourit. Zelda **aime** les surprises.

C'est la fin de semaine. Le moment de voyager est arrivé pour Yolanda et Zelda. Les sœurs se rencontrent à l'aéroport. Elles sont excitées. Yolanda est nerveuse.
« Je t'ai apporté un café », dit-elle. Zelda prend le café.

« Merci, dit-elle. Elle prend une gorgée. Oh, mais **je déteste** le sucre dans mon café, Yoli! »

Yolanda s'excuse. Elle prend les deux cafés dans ses mains. Maintenant, elle ne peut plus porter sa valise.

Les deux sœurs passent par la sécurité. Elles attendent de monter à bord de l'avion. L'écran indique « Flight 361 to London / With Connections / British Airways ». Yolanda sourit en montant dans l'avion.

Le vol dure six heures. Yolanda et Zelda dorment. Elles se réveillent lorsque l'avion arrive à l'aéroport de Londres. L'agent de bord utilise le haut-parleur. « Si vous séjournez à Londres ou si vous avez une correspondance, veuillez vous lever et quitter l'avion. »

Zelda se lève. Yolanda ne le fait pas.

« Allez, Yolanda », dit Zelda. Yolanda ne bouge pas.

« Allons-y! » dit Zelda.

« En fait, ma sœur, dit Yolanda. Il y a un changement de plans. Nous restons dans cet avion. »

Zelda a l'air confuse.

L'agent de bord utilise de nouveau le haut-parleur. « Si vous voyagez jusqu'à notre prochaine destination, restez assis. Prochain arrêt : Fidji! »

RÉSUMÉ
Deux sœurs, Yolanda et Zelda, veulent faire un voyage ensemble. Elles vont voir l'agent de voyages. Elles sont très différentes. Il est difficile pour elles de se mettre d'accord sur une destination. Zelda aime planifier des

vacances et voir de l'art et de la culture. Yolanda préfère aller à la plage. Enfin, elles décident où elles aimeraient aller. Mais le lendemain, Yolanda retourne voir l'agent de voyages. Elle change de destination. Zelda le découvre quand leur avion atterrit.

Liste de vocabulaire

we should	nous devrions
I love	J'aime
I would love	Je voudrais bien
I adore	J'adore
I enjoy	J'aime bien
I can't stand	Je ne supporte pas
we would like	nous voudrions
I'm crazy about	Je suis fou de
I prefer	Je préfère
I can't bear	Je ne peux pas supporter
would you like	voudriez-vous
I'm not mad about	Je ne suis pas en colère à propos de
I detest	Je déteste
I loathe	Je déteste
doesn't like	n'aime pas
very much	beaucoup
not at all	pas du tout
dislikes	n'aime pas
what would you like	ce que vous aimeriez
we want	nous voulons
we would rather	nous préférerions
likes	aime
I hate	Je déteste

QUESTIONS

1) Comment Yolanda et Zelda se connaissent-elles?
    a) elles sont amies
    b) elles sont sœurs
    c) elles travaillent ensemble
    d) elles sont voisines

2) Qu'est-ce que Zelda aime faire en vacances?
    a) voir de l'art et de la culture
    b) s'allonger sur la plage
    c) se détendre
    d) ne pas faire de projets

3) Laquelle des décisions suivantes Yolanda a-t-elle prises lors de la première réunion avec l'agent de voyages?
    a) où aller
    b) où loger
    c) ce qu'il faut faire
    d) aucun des éléments ci-dessus

4) Que fait Yolanda lorsqu'elle se rend une deuxième fois chez l'agent de voyages?
    a) elle demande son remboursement
    b) elle annule le voyage
    c) elle modifie la destination
    d) elle appelle Zelda

5) Que se passe-t-il lorsque les sœurs débarquent à Londres?
    a) elles se rendent à leur hôtel
    b) elles vont dans un musée
    c) l'avion s'écrase
    d) Yolanda surprend Zelda avec une nouvelle destination

RÉPONSES

1) Comment Yolanda et Zelda se connaissent-elles?
    b) elles sont sœurs

2) Qu'est-ce que Zelda aime faire en vacances?
    a) voir de l'art et de la culture

3) Laquelle des décisions suivantes Yolanda a-t-elle prises lors de la première réunion avec l'agent de voyages?
    d) aucun des éléments ci-dessus

4) Que fait Yolanda lorsqu'elle se rend une deuxième fois chez l'agent de voyages?
    c) elle modifie la destination

5) Que se passe-t-il lorsque les sœurs débarquent à Londres?
    d) Yolanda surprend Zelda avec une nouvelle destination

Translation of the Story
At the Travel Agency

STORY

Yolanda and Zelda are sisters. They have very busy lives. They both live in New York City. Yolanda is a hairdresser for celebrities. Zelda is a lawyer and has two children. They are so busy, sometimes they don't see each other for months.

Yolanda has an idea one day. She calls Zelda.

"Zelda, dear! How are you?" she asks.

"Fine, sis," says Zelda. "How are you?"

"Great! I've had a marvelous idea," says Yolanda. "**We should** take a trip together!"

"What a great idea," says Zelda. "**I love** it! Where to?"

"I don't know, anywhere," says Yolanda. "Wherever! **I would love** to go anywhere with you!"

"Let's go to the travel agency tomorrow," says Zelda. "They can help."

The sisters meet the next day. Zelda brings pages of research on vacations. The pages talk about different types of tourism. There is recreational tourism, like relaxing and having fun at the beach. There's cultural tourism like sightseeing or visiting museums to learn about history and art. Adventure tourism is for people who **adore** exploring distant places and extreme activities. Ecotourism is traveling to natural environments.

Yolanda reads the papers. Health tourism is travel to look after your body and mind by visiting places like spa resorts. Religious tourism is travel to celebrate religious events or visit important religious places.

"There are so many types of travel," says Yolanda.

"Yes," says Zelda. "**I enjoy** traveling for a reason. I can't stand lying on the beach, doing nothing." Yolanda likes the beach. She likes doing nothing on vacation. She doesn't say anything.

The sisters arrive to the travel agency. The travel agent is a woman. She seems nice. Yolanda and Zelda sit down with her.

"How can I help you?" asks the agent.

"We would like to take a trip," says Yolanda.

"What kind of trip?" asks the agent.

"**I'm crazy about** culture," says Zelda. "I love museums. I love art."

"**I would rather** go somewhere with sunshine. I love outdoor activities," says Yolanda.

"People travel for lots of reasons," says the agent. "How about Barcelona?"

"Oh, I don't know," says Zelda. "**I can't bear** not knowing the local language."

"We don't speak Spanish," says Yolanda.

"Would you like Paris?" asks the agent. "There are very good museums and restaurants."

"We don't speak French, either!" they both say.

"How about London?" asks the agent.

"Great!" says Zelda.

"So rainy!" says Yolanda at the same time. The sisters look at each other.

"You said you don't care Yoli!" says Zelda.

"I want to travel with you," says Yolanda. "**I'm not mad about** London, though. **I detest** the rain!"

"Come on, Yolanda," says Zelda. "Please!"

The agent shows the women pictures of London. They see the famous buildings. Yolanda would like to see Big Ben. Zelda is excited about the Tate Modern art museum.

"What kind of hotel would you like?" asks the agent.

"We could get an Airbnb apartment," says Yolanda.

"No, **I loathe** staying in other people's homes," says Zelda.

"We have beautiful hotels in the center of the city," says the agent.

"That sounds great," says Zelda.

Zelda prefers luxurious hotels. She knows Yolanda **doesn't like** fancy hotels **very much**. But Zelda never goes on vacation. She wants this vacation to be perfect. The travel agent shows the sisters pictures. The hotel rooms are huge. Some have a bath in the middle of the room.

"Those are gorgeous," says Zelda. "Do you mind if we stay in a fancy hotel, Yolanda?"

"**Not at all**," says Yolanda. Zelda knows she **dislikes** fancy hotels. Yolanda feels sad. Zelda does what she wants.

"**What would you like** to do while in London?" asks the travel agent.

"We would love to go to all the museums, visit the Palace, and visit some art galleries," says Zelda.

"Okay," says the travel agent. "That's probably enough to fill your time in London."

Yolanda doesn't say anything. The sisters pay and leave the travel agent. Zelda is happy. Yolanda wishes the vacation was more her style. She goes home. She thinks about the trip. She smiles. She has a plan.

The next day, Yolanda returns to the travel agent.

"Oh hello, Yolanda," says the agent. "How can I help you?"

"**We want** to change our trip a bit," says Yolanda.

"No problem," says the travel agent.

"**We would rather** go to somewhere sunny," says Yolanda.

"Of course," says the travel agent. The travel agent suggests many different locations. Yolanda signs some new papers. She gives the agent money for the change. She imagines Zelda on vacation. She smiles. Zelda **likes** surprises.

It is the weekend. It is time for Yolanda and Zelda's trip. The sisters meet at the airport. They are excited. Yolanda is nervous.

"I brought you coffee," she says. Zelda takes the coffee.

"Thanks," she says. She takes a sip. "Oh, but **I hate** sugar in my coffee, Yoli!"

Yolanda apologizes. She takes both coffees in her hands. Now she can't carry her suitcase.

The two sisters go through security. They wait to board the plane. The screen says "Flight 361 to London / With Connections / British Airways". Yolanda smiles as they get on the plane.

The flight lasts six hours. Yolanda and Zelda sleep. They awake as the plane pulls into the airport in London. The flight attendant uses the speaker. "If you are staying in London or have a connection, please stand and leave the plane."

Zelda stands up. Yolanda does not.

"Come on, Yolanda," says Zelda. Yolanda doesn't move.

"Let's go!" says Zelda.

"Actually, sis," says Yolanda. "There is a change of plans. We are staying on this plane."

Zelda looks confused.

The flight attendant uses the speaker again. "If you are traveling through to our next destination, remain in your seats. Next stop—Fiji!"

CHAPTER 12
Valentine's Day in Paris / prepositions

Charles et Dana sortent ensemble. Ils sont amoureux. Charles veut faire quelque chose de spécial pour la Saint-Valentin. Il invite Dana à Paris. Paris est appelée la ville de l'amour. Beaucoup de gens voyagent à Paris pour faire un séjour romantique avec leur partenaire. Peut-être que ce sont les films, la gastronomie, les beaux bâtiments ? Paris est toujours romantique.

Le couple arrive à Paris le 13 février. L'avion atterrit. Ils sont ravis. Charles et Dana récupèrent leurs bagages.

« Allons à l'hôtel », dit Charles.
« Comment ? » demande Dana.

« Nous pouvons prendre le train pour aller dans le centre-ville », dit Charles. **Devant** le couple se trouve un panneau qui indique la direction pour le train de l'aéroport. Ils suivent les flèches **au sol**. Ils traversent le pont suspendu, jusqu'à ce qu'ils arrivent à l'entrée du train. Ils vont au distributeur de tickets.

« Quel ticket allons-nous acheter? » demande Dana. Ils regardent tous les deux la machine.

« Je ne sais pas », dit Charles. « L'hôtel est **dans** le 7e arrondissement. » Charles devine quel billet acheter. Il l'achète et ils se rendent sur la plate-forme du train. **Au-**

dessus des voies, il y a un panneau. Il indique où va chaque train. Un train s'approche. Le panneau indique « centre-ville ». Ils montent **dans** le train.

Lorsque le train arrive à destination, ils **descendent** du train. Ils montent les escaliers du métro. Ils sortent. La tour Eiffel se dresse **au-dessus** d'eux.

« C'est magnifique », dit Dana.

« Oui, c'est incroyable », dit Charles.

« Je veux monter **jusqu**'en haut », dit Dana.

« Sais-tu qu'ils repeignent la tour tous les sept ans? » demande Charles. « Avec 50 tonnes de peinture! »

« Je ne le savais pas », dit Dana. Charles lui parle davantage de la tour Eiffel. Elle a été construite en 1889. Elle porte le nom de Gustave Eiffel, l'architecte en charge du projet. Depuis 41 ans, c'est la plus haute structure du monde. Il y a de nombreuses répliques de la tour **dans le** monde. Il y a même une réplique grandeur nature à Tokyo.

« J'aime Paris », dit Dana.

« Allons à l'hôtel », dit Charles. Ils vont à l'hôtel à côté à pied. C'est juste **derrière** la Tour Eiffel.

Le lendemain, c'est la Saint-Valentin. Le couple a prévu un déjeuner spécial. Ils vont au restaurant Epicure. C'est l'un des restaurants les plus romantiques de la ville.

« Es-tu prête? » demande Charles.

« Oui, dit Dana. Comment y allons-nous? » Ils **sortent** de l'hôtel à pied.

« C'est juste après les Champs-Élysées, dit Charles. Ils **descendent** dans la rue. Ils marchent **vers** la rivière. C'est une belle journée. Le soleil brille. Dana remarque à quel point les bâtiments sont beaux. Ils sont tous très vieux.

« Nous devrions avoir des bâtiments comme celui-ci aux USA », dit Dana.

« Ils sont plus vieux que les USA », explique Charles. Charles et Dana marchent **le long de** la rivière. Ils se tiennent la main. Paris est une ville pour les amoureux.

Epicure n'est pas loin du quartier commerçant du centre. Ils passent devant des magasins comme Louis Vuitton et Pierre Hermé. Dana s'arrête pour regarder les vitrines. Le restaurant est **à côté de** l'une de ses boutiques préférées.

« S'il te plaît, nous pouvons entrer ? », dit-elle. Quand ils **passent** la porte d'Hermès, Charles sait qu'il est en difficulté. Il y a des sacs à main et des foulards partout. Dana devient folle. Elle prend deux foulards **d'**un présentoir. Elle saisit un sac **parmi** une pile de sacs à main.

« S'il te plaît, Charles ? » lui demande-t-elle. « Un petit souvenir de Paris ? » pense Charles. Les trois articles coûtent le même prix que le billet d'avion pour Paris. C'est la Saint-Valentin, cependant. Il dit oui. Dana prend les foulards et le sac à main à la caisse. Charles paie avec sa carte de crédit. Ils quittent le magasin. Dana est très contente.

Charles et Dana continuent dans la rue. Ils ne voient pas Epicure.

« C'est juste ici », dit Charles.

« Juste où ? » demande Dana.

« Ici, dit Charles. C'est ce que dit Google Maps. »

« Je ne le vois pas », dit Dana.

Charles appelle le restaurant depuis son téléphone portable. « Bonjour, nous ne pouvons pas trouver le restaurant », dit-il. Il écoute. La personne parle français. « Parlez-vous anglais? Non? » La personne raccroche.

« Ils ne parlent pas anglais », dit Charles.

« Il faut que ce soit ici », dit Dana. Elle repère une petite ruelle. Elle entre dans la ruelle et marche un peu.

« Voilà, dit-elle. Le restaurant se trouve dans l'allée, caché au bout.

« Dieu merci, dit Charles. Nous sommes déjà en retard! » Ils entrent dans le restaurant.

« Avez-vous une réservation? » demande le serveur.

« Oui, dit Charles. Nous sommes un peu en retard. Charles. »

« Suivez-moi, dit le serveur. Ils suivent le serveur. Ils marchent entre les tables avec des nappes blanches. Ils sont les premiers convives. Le restaurant est vide.

« C'est magnifique, dit Dana. Ils s'assoient à leur table. Il y a des fleurs fraîches. Leur table est **à côté du** feu. Un lustre doré pend au plafond.

« Que désirez-vous? » demande le serveur.

« Le poulet aux champignons et les macaronis au foie gras et à l'artichaut », dit Charles.

« Je recommande les macaronis **avant** le poulet », dit le serveur.

« D'accord », dit Charles.

« Le poulet est servi avec une salade en accompagnement », dit le serveur.

« Parfait, dit Charles. Et s'il vous plaît, apportez-nous du champagne. » Charles fait un clin d'œil au serveur.

« Pourquoi lui as-tu fait un clin d'œil? » demande Dana.

« Je n'ai pas fait exprès! » dit Charles.

Dana et Charles sont très heureux. Le restaurant est l'un des meilleurs de Paris. Il a trois étoiles Michelin. Le serveur arrive **derrière** Charles avec les macaronis. C'est très riche. Il y a de la truffe noire sur le dessus. Ils sont d'accord, ce sont les meilleurs macaronis qu'ils n'ont jamais eu.

Le serveur pousse un chariot vers la table. Il y a deux verres, une bouteille de champagne et une boîte noire. Le serveur ouvre le vin et en verse à Charles et Dana. Il laisse la boîte noire sur la table.

« Qu'est-ce que c'est ? » demande Dana.

« Dana, veux-tu m'épouser ? » demande Charles. Il soulève le haut de la boîte noire. **En dessous** se trouve une énorme bague en diamant. Il la met sur le doigt de Dana.

« Oui! » s'écrie Dana.

Paris est vraiment la ville de l'amour.

RÉSUMÉ
Charles et Dana sont amoureux. Ils font un voyage à Paris pour la Saint-Valentin. Ils se perdent en cherchant leur hôtel. Ils ne comprennent rien au métro. Ni Charles ni Dana ne parlent français. Charles réserve un déjeuner spécial pour la Saint-Valentin. Dana ne peut pas résister aux boutiques de Paris. Ils ont du mal à trouver le restaurant. Dana trouve le restaurant dans une ruelle. Au déjeuner, Charles a une surprise secrète pour Dana. Qu'est-ce que c'est ? Un gage de vrai amour. Un serveur au restaurant apporte la bague avec le champagne. Charles demande à Dana de l'épouser.

Liste de Vocabulaire

in front of	devant
beneath	sous
across	à travers
in	dans
above	ci-dessus
into	dans
off	de
above	ci-dessus
to	pour
around	autour
behind	derrière
out of	de
past	passé
down	vers le bas
toward	vers
along	le long
near	près
next to	à côté de
through	par
from	de
amongst	parmi
within	au sein
at	à
between	entre
on	sur
beside	à côté
before	avant
with	avec
behind	derrière
below	ci-dessous

QUESTIONS

1) Qui a eu l'idée de partir en vacances à Paris ?
    a) Charles
    b) le père de Charles
    c) l'agent de voyages
    d) Dana

2) Quelle est la première chose que Charles et Dana voient à Paris ?
    a) le Louvre
    b) les Champs-Élysées
    c) l'hôtel
    d) la Tour Eiffel

3) Quelle autre ville au monde possède une Tour Eiffel grandeur nature ?
    a) New York
    b) Tokyo
    c) Dubaï
    d) Hong Kong

4) Qu'est-ce que Dana convainc Charles de faire le jour de la Saint-Valentin?
    a) rentrez chez eux
    b) aller au musée
    c) lui acheter quelque chose chez Hermes
    d) cesser de boire

5) Comment Charles donne-t-il la bague de fiançailles à Dana?
    a) un serveur l'apporte avec le champagne
    b) il la met dans sa glace
    c) il la prend dans sa poche
    d) il se met à genoux

RÉPONSES

1) Qui a eu l'idée de partir en vacances à Paris ?
    a) Charles
2) Quelle est la première chose que Charles et Dana voient à Paris ?
    d) la Tour Eiffel
3) Quelle autre ville au monde possède une Tour Eiffel grandeur nature ?
    b) Tokyo
4) Qu'est-ce que Dana convainc Charles de faire le jour de la Saint-Valentin?
    c) lui acheter quelque chose chez Hermes
5) Comment Charles donne-t-il la bague de fiançailles à Dana?
    a) un serveur l'apporte avec le champagne

Translation of the Story
Valentine's Day in Paris

STORY

Charles and Dana are boyfriend and girlfriend. They are in love. Charles wants to do something special for Valentine's Day. He invites Dana to Paris. Paris is called the city of love. Many people travel to Paris to spend romantic time with their partner. Maybe it is the movies, the food, the beautiful buildings? Paris always feels romantic.

The couple arrives to Paris on February 13. The plane lands. They are thrilled. Charles and Dana collect their baggage.

"Let's go to the hotel," says Charles.
"How?" asks Dana.

"We can take the train to the city center," says Charles. **In front of** the couple is a sign for the airport train. They follow the arrows, walking **beneath** them. They walk **across** the sky bridge, until they come to the entrance to the train. They go up to the ticket machine.

"Which ticket do we buy?" asks Dana. They both stare at the machine.

"I don't know," says Charles. "The hotel is **in** the 7th arrondissement." Charles guesses which ticket to buy. He buys it and they go to the train platform. **Above** the tracks, there is a sign. It tells where each train is going. A train approaches. The sign says 'centre-ville'. They get **into** the train.

When the train reaches the destination, they get **off** the train. They go up the metro stairs. They step outside. The Eiffel Tower stands **above** them.

"It's beautiful," says Dana.

"Yes, it's amazing," says Charles.

"I want to go **to** the top," says Dana.

"Did you know they paint the tower every seven years?" asks Charles. "With 50 tons of paint!"

"I didn't know that," says Dana. Charles tells her more about the Eiffel Tower. It was built in 1889. It is named after Gustave Eiffel, the architect in charge of the project. For 41 years, it was the tallest structure in the world. There are many replicas of the tower **around** the world. There is even a full-size replica in Tokyo.

"I love Paris," says Dana.

"Let's go to the hotel," says Charles. They walk to the nearby hotel. It is just **behind** the Eiffel Tower.

The next day is Valentine's Day. The couple has a special lunch planned. They go to the restaurant Epicure. It is one of the city's most romantic restaurants.

"Are you ready?" asks Charles.

"Yes," says Dana. "How do we get there?" They walk **out of** the hotel.

"It is just **past** the Champs-Élysées," says Charles. They walk **down** the street. They walk **toward** the river. It is a beautiful day. The sun is shining. Dana notices how beautiful the buildings are. They are all very old.

"We should have buildings like this in America," says Dana.

"They are older than America," says Charles. Charles and Dana walk **along** the river. They hold hands. Paris is a city for lovers.

Epicure is **near** the central shopping district. They pass shops like Louis Vuitton and Pierre Hermé. Dana stops to look in the windows. The restaurant is **next to** one of her favorite shops.

"Please can we go in," she says. When they go **through** the door of Hermes, Charles knows he is in trouble. Purses and scarves are everywhere. Dana goes crazy. She takes two scarves **from** a display. She grabs a bag from **amongst** a pile of purses.

"Please, Charles?" she asks him. "A little Paris souvenir?" Charles thinks. The three items cost the same as the airplane ticket to Paris. It is Valentine's Day, though. He says yes. Dana takes the scarves and the purse to the cash register. Charles pays with his credit card. They leave the shop. Dana is very content.

Charles and Dana continue down the street. They don't see Epicure.

"It is right here," says Charles.

"Right where?" asks Dana.

"Here," says Charles. "That is what Google maps says."

"I don't see it," says Dana.

Charles calls the restaurant on his cell phone. "Hello, we cannot find the restaurant," he says. He listens. The person speaks French. "Do you speak English? No?" The person hangs up.

"They don't speak English," says Charles.

"It has to be here," says Dana. She spots a small alley. She enters the alleyway and walks a bit.

"Here it is," she says. The restaurant is **within** the alleyway, hidden **at** the very end.

"Thank goodness," says Charles. "We are already late!" They enter the restaurant.

"Do you have a reservation?" asks the waiter.

"Yes," says Charles. "We are a bit late. Charles."

"Follow me," says the waiter. They follow the waiter. They walk between tables with white tablecloths. They are the first diners. The restaurant is empty.

"It's beautiful," says Dana. They sit at their table. It has fresh flowers **on** it. Their table is **beside** the fire. A golden chandelier hangs from the ceiling.
"What would you like?" asks the waiter.

"The chicken with mushrooms, and the macaroni with foie gras and artichoke," says Charles.

"I recommend the macaroni **before** the chicken," says the waiter.

"Ok," says Charles.

"The chicken is served with a side salad," says the waiter.

"Perfect," says Charles. "And please bring us some champagne." Charles winks at the waiter.

"Why did you wink at him?" asks Dana.
"I didn't mean to!" says Charles.

Dana and Charles are very happy. The restaurant is one of the best in Paris. It has three Michelin stars. The waiter comes up **behind** Charles with the macaroni. It is very rich. It has black truffle on top. They agree, it is the best macaroni they have ever had.

The waiter rolls a cart to the table. It has two glasses, a bottle of champagne, and a black box. The waiter opens the wine and pours it for Charles and Dana. He leaves the black box on the table.

"What's that?" asks Dana.

"Dana, will you marry me?" asks Charles. He lifts the top of the black box. **Below** is a huge diamond ring. He puts it on Dana's finger.
"Yes!" shouts Dana.

Paris really is the city of love.

French Short Stories for Beginners Book 5

Over 100 Dialogues and Daily Used Phrases to Learn French in Your Car. Have Fun & Grow Your Vocabulary, with Crazy Effective Language Learning Lessons

www.LearnLikeNatives.com

CHAPTER 13
New Roommates /
Common everyday objects + possession

HISTOIRE

Aujourd'hui, c'est le jour de l'emménagement à l'université. Les étudiants de première année amènent **leurs** affaires dans le dortoir.

Anna arrive à l'université avec ses parents. **Sa** voiture est pleine de **cartons**. Anna apporte avec elle tout ce dont elle a besoin pour une année scolaire. Ils se garent à l'extérieur du dortoir d'Anna. Le bâtiment est un grand bâtiment en briques. Il semble ennuyeux. Anna essaie de rester positive. « Cette année sera formidable », se dit-elle.

Sa famille commence à décharger la voiture. Anna est complètement prête. Ils déchargent des cartons pleins de ses affaires. Son frère l'aide à monter les boîtes dans sa chambre. La chambre est petite. Il y a deux lits. Anna aura une colocataire.

Le premier carton qu'Anna ouvre contient des fournitures scolaires. Elle met ses **blocs-notes**, ses **crayons** et ses **stylos** sur son bureau. La chambre n'est pas décorée, il n'y a qu'une **télévision** sur le mur. Anna range ses affaires dans la chambre. Elle prend son **calendrier** pour le mettre au mur.

« Ce n'est pas **le mien**! » dit-elle. « C'est un calendrier de jolies femmes. C'est **le sien** », dit Anna en pointant son frère du doigt.

« Oh, désolé », dit son frère. Anna le jette à la **poubelle**. La famille rit.

On frappe à la porte. Ils ouvrent la porte. Une fille blonde se tient dehors. Elle est avec une femme plus âgée, sa mère.

« Bonjour, je suis Beatriz », dit la fille.

« Je suis Anna, dit Anna. Je suppose que nous sommes colocataires! »

« D'où venez-vous ? » demande Beatriz.

« Pas loin, à seulement une heure au nord », explique Anna.

« Moi aussi ! » dit Beatriz.

Les filles se serrent la main et sourient. Beatriz porte ses propres cartons. Les familles aident leurs filles à défaire leurs affaires.

Les premiers jours à l'université sont agréables. Anna se fait de nouveaux amis. Beatriz et elle s'entendent très bien. Anna va assiste à ses nouvelles classes. Tout est parfait. Cependant, quelque chose ne va pas. Certaines des affaires d'Anna commencent à disparaître. D'abord, elle ne trouve pas sa **brosse.** Puis, le lendemain, elle se regarde dans le cabinet du **miroir**. Elle voit sa **lotion** mais son **parfum** a disparu. Quand elle rentre de ses cours ce soir-là, elle met de la musique. Il n'y a pas de son. Son **haut-parleur** n'est plus là!

Elle demande à Beatriz. « Beatriz », dit-elle. « Est-ce qu'il te manque quelque chose? »

« Oui! » dit Beatriz. « Mon **ordinateur portable**. Je panique. »

« Oh non! » dit Anna. « Il me manque aussi des choses. »

Il manque maintenant trois choses à Anna. Elle appelle sa mère sur son **téléphone portable**.

« Bonjour, maman », dit Anna.

« Salut, chérie, dit sa mère. Comment va l'école? »
« Très bien, dit Anna. Mais mes affaires continuent à disparaître. »

« Que veux-tu dire? » demande sa mère. Anna parle à sa mère du parfum disparu, du haut-parleur disparu et de la brosse disparue.

« C'est tellement étrange, dit sa mère. Les as-tu emmenés quelque part? »

« Non, maman, dit Anna. Je n'ai jamais quitté la chambre. Le reste du **système stéréo** est ici. Mon **lecteur mp3** aussi. »

« Verrouilles-tu ta porte? » demande sa mère.

« Oui, maman ! » dit Anna. « Et c'est juste le parfum qui est parti. J'ai encore tout le reste du **maquillage, du rouge à lèvres**, tout ! »

« Penses-tu que ce pourrait être Beatriz? » demande sa mère.

« Non, il lui manque aussi des choses », dit Anna.

« Ok, va vérifier avec le bureau des objets trouvés », dit la mère d'Anna.

« Ok! Je dois y aller », dit Anna.

Anna raccroche. L'idée de sa mère est bonne. Elle descend au bureau du dortoir. Elle demande à voir la boîte des objets perdus. La boite est pleine. Elle regarde à l'intérieur. Elle trouve des **cahiers**, une **caméra** et même un **peigne**. Mais elle ne voit pas ses affaires. Elle regarde mieux. Elle voit un **ordinateur** portable.

« Est-ce **le tien**? » demande-t-elle en pensant à Beatriz. Elle l'enlève. Il l'est. Elle prend l'ordinateur pour le donner à Beatriz. Au moins, elle trouve quelque chose.

Elle monte. Elle donne l'ordinateur à Beatriz.

« Oh, Anna, c'est **mon** ordinateur! » dit Beatriz. « Merci beaucoup. »

« De rien », dit Anna. « Je suis tellement heureuse d'avoir trouvé **ton** ordinateur. »

« Moi aussi, dit Beatriz. As-tu trouvé tes affaires? »

« Non », dit Anna.

« Dommage », dit Beatriz. Les filles s'endorment.

Le lendemain, Beatriz a cours. Anna reste dans la chambre. Elle travaille sur un projet, et utilise des **ciseaux** pour couper des photos à coller sur un **dossier**. Elle pense à ses objets disparus. Peut-être qu'elle devrait regarder dans la chambre. Elle regarde partout. Puis elle se tourne vers le placard de Beatriz. Elle l'ouvre. Elle regarde à l'intérieur.

« C'est à moi! » dit Anna. Elle sort sa brosse. Elle est stupéfaite. Pourquoi sa brosse est-elle dans le placard de Beatriz? Elle regarde de plus près. Sous une pile de **vêtements**, elle sent quelque chose de dur. Elle le prend. C'est son flacon de parfum! Quand elle regarde mieux, elle trouve son haut-parleur, aussi.

« C'était Beatriz tout le temps », dit Anna. Le **téléphone** de la chambre sonne. Anna répond. C'est la mère de Beatriz.

« Bonjour, Anna, dit la mère de Beatriz. Comment allez-vous? »

« Très bien, dit Anna. Beatriz n'est pas là. »

« Pouvez-vous lui dire que j'ai appelé? » demande la mère de Beatriz.

« Oui, mais, puis-je vous parler de quelque chose? » demande Anna.

« Bien sûr », dit la mère de Beatriz.

« Certaines de mes affaires ont disparu, dit Anna. Et j'en ai trouvé beaucoup dans le placard de **votre** fille. »

« Oh, non, dit la mère de Beatriz. Je dois vous dire quelque chose. »

« Quoi? » dit Anna.

« Beatriz est kleptomane », dit sa mère. « Elle prend des choses et les rend exactement sept jours plus tard. Elle vous les rendra d'ici demain. »

« Que dois-je faire? » demande Anna.

« Il suffit d'attendre qu'elle les rende », dit sa mère.

« D'accord », dit Anna.

« Merci de votre compréhension », dit la mère de Beatriz.

RÉSUMÉ

Anna et Beatriz sont colocataires. C'est leur première année à l'université. Elles se rencontrent le jour de leur emménagement. Elles rangent leur chambre. Leurs parents les aident. Elles s'entendent bien. Au cours de la première semaine, beaucoup d'affaires d'Anna disparaissent. Elle ne les trouve nulle part. Des objets de Beatriz disparaissent aussi. Anna regarde partout. Elle regarde dans les objets trouvés, où elle trouve l'ordinateur disparu de Beatriz. Quand Beatriz n'est pas là, Anna regarde dans son placard. Elle trouve toutes ses affaires. La mère de Beatriz appelle. Elle dit à Anna que Beatriz est kleptomane.

Liste de vocabulaire

their	leur
her	son
boxes	boîtes
mine	mien
notepads	blocs-notes
pencils	crayons
pens	stylos
television	télévision
calendar	calendrier
his	son
trash can	poubelle
brush	brosse
mirror	miroir
lotion	lotion
perfume	parfum
speaker	haut-parleur
computer	ordinateur
cell phone	téléphone portable
stereo system	système stéréo
makeup	maquillage
lipstick	rouge à lèvres
notebook	Carnet
video camera	caméra vidéo
comb	peigne
my	mon
yours	votre
your	votre

scissors	ciseaux
clothes	vêtements
telephone	téléphone
your	votre

QUESTIONS

1) Comment Beatriz et Anna se connaissent-elles?
    a) elles ont toujours été amies
    b) elles se rencontrent en classe
    c) elles sont colocataires
    d) elles fréquentent la même école

2) Lequel de ces éléments n'a pas disparu?
    a) la brosse
    b) le parfum
    c) le haut-parleur
    d) le miroir

3) Que suggère la mère d'Anna?
    a) qu'Anna rentre à la maison
    b) qu'Anna confronte Beatriz
    c) qu'Anna achète une nouvelle brosse
    d) qu'Anna cherche dans les objets trouvés

4) Que trouve Anna dans les objets trouvés?
    a) son pinceau
    b) l'ordinateur de Beatriz
    c) un sweat-shirt
    d) son parfum

5) Qu'est-il arrivé aux affaires d'Anna?
    a) Beatriz les a prises et les a mises dans son placard

b) Anna les a perdues
c) Anna les a jetées
d) rien

RÉPONSES
1) Comment Beatriz et Anna se connaissent-elles?
    c) elles sont colocataires
2) Lequel de ces éléments n'a pas disparu?
    d) le miroir
3) Que suggère la mère d'Anna?
    d) qu'Anna cherche dans les objets trouvés
4) Que trouve Anna dans les objets trouvés?
    b) l'ordinateur de Beatriz
5) Qu'est-il arrivé aux affaires d'Anna?
    a) Beatriz les a prises et les a mises dans son placard

Translation of the Story
New Roommates

STORY

Today is move-in day at the university. First year students move **their** things into the dormitory.

Anna arrives to the university with her parents. **Her** car is loaded with **boxes**. Anna brings everything she needs for a year of school with her. They park outside of Anna's dormitory. The building is a big, brick building. It looks boring. Anna tries to think positive. This year will be great, she tells herself.

Her family begins to unload the car. Anna is very prepared. They take out boxes full of her things. Her brother helps her take the boxes up to the room. The room is small. There are two beds. Anna will have a roommate.

The first box Anna opens has school supplies. She puts her **notepads**, **pencils** and **pens** on her desk. The room has no decoration, except for a **television** on the wall. Anna organizes her things in the room. She takes her **calendar** out to put on the wall.

"This isn't **mine**!" she says. It is a calendar of pretty women.

"This is **his**," Anna says, pointing at her brother.

"Oh, sorry," says her brother. Anna throws it in the **trash can**. The family laughs.

There is a knock on the door. They open the door. A blonde girl stands outside. She is with an older woman, her mother.

"Hello, I'm Beatriz," says the girl.

"I'm Anna," says Anna. "I guess we are roommates!"

"Where are you from?" asks Beatriz.

"Nearby, just an hour north," says Anna.

"Me too!" says Beatriz.

The girls shake hands and smile. Beatriz brings her own boxes. The families help their daughters unpack.
The first days of school are nice. Anna makes new friends. She and Beatriz get along great. Anna goes to her new classes. Everything is perfect. However, one thing is wrong. Some of Anna's belongings begin to disappear. First, she can't find her **brush**. Then, the next day, she looks in the **mirror**. She sees her **lotion** but her **perfume** is missing. When she arrives from class that evening, she puts on some music. There is no sound. Her **speaker** is gone!

She asks Beatriz. "Beatriz," she says. "Are you missing anything?"

"Yes!" says Beatriz. "My laptop **computer**. I am freaking out."

"Oh no!" says Anna. "I am missing a few things, too."

Anna is missing three things now. She calls her mother on her **cell phone**.

"Hi, mom," says Anna.

"Hi, honey," says her mom. "How is school?"

"Fine," says Anna. "But my belongings keep disappearing."

"What do you mean?" asks her mom. Anna tells her mom about the missing perfume, the missing speaker, and the missing brush.

"That is so strange," says her mom. "Did you take them somewhere?"

"No, mom," says Anna. "I never left the room. The rest of the **stereo system** is here. My **mp3 player,** too."

"Do you lock your door?" asks her mom.

"Yes, mom!" says Anna. "And it's just the perfume that is gone. I still have all the other **makeup**, **lipstick**, everything!"

"Do you think it could be Beatriz?" asks her mom.

"No way, she is missing stuff too," says Anna.

"Ok, go check the lost-and-found," says Anna's mom.

"Ok! Gotta go," says Anna.

Anna hangs up the phone. Her mom's idea is good. She goes downstairs to the dormitory office. She asks to see the lost-and-found box. The box is full. She looks through it. She finds **notebooks**, a **video camera**, and even a **comb**. But does not see her things. She looks more. She sees a laptop **computer**.

"Is that **yours**?" she asks, thinking of Beatriz. She pulls it out. It is. She takes the computer to give to Beatriz. At least she finds something.

She goes upstairs. She gives Beatriz the computer.

"Wow, Anna, it's **my** computer!" says Beatriz. "Thank you so much."

"You're welcome," says Anna. "So glad I found **your** computer."

"Me too," says Beatriz. "Did you find any of your things?"

"No," says Anna.

"Bummer," says Beatriz. The girls go to sleep.

The next day, Beatriz has class. Anna stays in the dorm room. She works on a project, using **scissors** to cut pictures to glue on a **folder**. She thinks about her missing items. Maybe she should look in the dorm room. She looks everywhere. Then she turns to Beatriz's closet. She opens it. She looks inside it.

"This is mine!" says Anna. She pulls out her brush. She is shocked. Why is her brush in Beatriz's closet? She looks closer. Under a stack of **clothes**, she feels something hard. She pulls it out. It is her bottle of perfume! When she looks closer, she finds her speaker, too.

"It was Beatriz the whole time," says Anna. The room **telephone** rings. Anna answers. It is Beatriz's mom.

"Hi, Anna," says Beatriz's mom. "How are you?"

"Fine," says Anna. "Beatriz isn't here."

"Can you tell her I called?" asks Beatriz's mom.

"Yes, but, can I talk to you about something?" asks Anna.

"Sure," says Beatriz's mom.
"Some of my things have gone missing," says Anna. "And I just found many of them in **your** daughter's closet."

"Oh, no," says Beatriz's mom. "I need to tell you something."

"What?" says Anna.

"Beatriz is a kleptomaniac," says her mom. "She takes things and then returns them exactly seven days later. She will return those items to you by tomorrow."

"What do I do?" asks Anna.

"Just wait for her to return them," says her mom.

"Okay," says Anna.

"Thank you for understanding," says Beatriz's mom.

CHAPTER 14
A Day in the Life / transition words

HISTOIRE

Bey se réveille dans une chambre d'hôtel. Elle est fatiguée. Son corps est fatigué, **mais** son esprit est encore plus fatigué. Elle se sent seule. Ses amis et sa famille ne comprennent pas ce que c'est d'être célèbre. Elle rit. Ils veulent être célèbres. Ils veulent passer une journée de sa vie. Les gens pensent que les célébrités s'amusent toute la journée. Ils pensent que les célébrités obtiennent tout ce qu'elles veulent. **Cependant**, Bey sait que ce n'est pas vrai.

Pourquoi les gens veulent-ils être célèbres? Bey pense. Elle se fait un café. Les médias la présentent comme un succès. Les gens recherchent le succès. Ils veulent une vie parfaite. **Par conséquent**, ils essaient de devenir célèbres. Elle sait que la vie n'est pas parfaite.

L'horloge indique sept heures. Sa journée est remplie. **Donc**, elle doit se lever tôt. Certaines personnes pensent que les célébrités dorment jusqu'à tard. Elle a beaucoup à faire. Il n'y a pas le temps de dormir tard. Elle entend la sonnette.

« Bonjour, » dit Bey.

« Bonjour, Bey », disent les trois femmes. Une femme est sa styliste. Une autre femme est sa maquilleuse. **Enfin**, la coiffeuse entre. Elle ouvre la porte. Elles rentrent. Elles commencent à travailler.

« Quelle chemise ? » dit le styliste.

« Quelle couleur de rouge à lèvres ? » demande le maquilleur.

« Pourquoi as-tu dormi avec tes cheveux comme ça ? » demande le coiffeur.

Le café de Bey est froid. Elle fait un autre café. **Ensuite**, elle répond à toutes les questions. Elles l'aident. **Enfin**, elle est prête.

Elle quitte l'hôtel à 10 heures. Il y a beaucoup de gens à l'extérieur. Ils l'attendent. Quand elle sort, ils crient. Ils prennent des photos. Bey monte dans une voiture. La voiture a des fenêtres teintées. Personne ne peut voir à l'intérieur. **Par conséquent**, elle peut faire ce qu'elle veut. Elle se détend. Son téléphone sonne.

« Bonjour ? » dit-elle.

« Bey, où es-tu ? » demande son manager.

« Dans la voiture », dit-elle.

« Tu es en retard! » dit le directeur.

« Désolé, » dit Bey. Elle a un cours de danse, des cours de voix et une séance photos. Une journée bien remplie. Son agent tient son emploi du temps. Il lui dit quoi faire. Il lui dit quand y aller. Elle se sent coincée. Elle doit travailler pour rester célèbre. Elle ne peut pas prendre de vacances.

La voiture s'arrête. **D'abord**, Bey fait une séance photo. C'est pour un magazine. Une fille maquille sur Bey. C'est une fan. Elle sourit.

« Comment allez-vous ? » demande-t-elle.

« Très bien », dit Bey.

« Je suis votre fan », dit-elle.

« Merci », dit Bey.

« Je chante aussi », dit la jeune fille. Elle poudre le visage de Bey.

« Vraiment ? » demande Bey. Elle s'ennuie.

« Oui. Je veux être célèbre! » dit la fille.

« Être célèbre, c'est beaucoup de travail! » dit Bey.

« Je m'en fous! » dit la fille.

« Que faites-vous ce soir ? », demande Bey.

« Un dîner avec mon petit ami, une promenade dans le parc, peut-être visiter un musée », dit la jeune fille.

« J'ai du travail, un concert, dit Bey. **En fait**, j'en ai un tous les soirs. Je ne peux pas aller au parc **parce que** les gens me reconnaissent. Ils ne me laissent pas tranquille. »

« Oh », dit la fille. Elle finit le maquillage.

« **Par exemple**, je n'arrive pas à me souvenir d'une visite dans un musée », dit Bey. Elle a fini. On prend des photos d'elle. Sa robe est glamour. Elle est belle et heureuse. Elle dit au revoir et monte dans la voiture.

Ensuite, Bey a un cours de danse. Son cours est dans un studio de danse. Son professeur est un professionnel. Ils s'entraînent pour le concert. Le concert de ce soir est dans un stade de New York. Elle oublie la danse de sa chanson la plus célèbre. Elle s'entraîne pendant deux heures. **Sans le moindre doute**, elle connaît la danse.

Après, Bey a des cours de voix. Les chanteurs célèbres ont besoin de cours. Les cours de voix les aident à chanter facilement. C'est important. **Après tout**, c'est difficile de chanter à un concert tous les soirs.

Après le cours de voix, elle prend son déjeuner. Son assistante le lui apporte. Même si c'est rapide, c'est sain. Elle a un smoothie et une salade. Peu après, elle doit se préparer pour le concert.

Elle vérifie son téléphone. Bey a une autre assistante. Cette assistante s'occupe des réseaux sociaux. Elle met des photos sur Instagram et sur Facebook. **En fin de compte**, Bey aime vérifier elle-même. Sa nouvelle photo a 1 000 000 « j'aime ». Pas mal, pense-t-elle. Elle a aussi beaucoup de commentaires. Certains sont méchants,

alors Bey éteint son téléphone. Elle essaie d'être positive.

Dans la voiture, Bey appelle ses amis. Elle parle à sa mère. Elle parle dans la voiture **puisqu**'elle n'a pas beaucoup de temps. Elle est fatiguée. Elle a mal à la tête. Elle peut peut-être faire la sieste. Elle regarde son téléphone. Il est trop tard pour faire la sieste.

Pendant que Bey se prépare, les fans attendent. Ils font la queue dehors. Ils sont excités. Ils ont payé beaucoup d'argent pour les billets.

Maintenant, elle a mal à la gorge. Elle boit du thé chaud. Si elle ne peut pas chanter, les fans seront tristes. Elle regarde son téléphone. Elle a une photo sauvegardée pour ces moments-là. Il s'agit d'une lettre.

« Cher Bey », dit-il.

« Tu es ma chanteuse préférée. Je pense que tu es incroyable. Je veux être comme toi quand je serai grande. Je t'aime, Susy. » C'est une fan de 7 ans. Bey se souvient d'elle. Elle sourit. Il y a des centaines de filles comme Susy au concert. Pour cette raison, elle chante sur scène.

Finalement, le concert se termine.

De plus en plus de fans demandent l'autographe de Bey. Ils sourient. Ils prennent des photos sur leur téléphone. Elle imagine leur vie. Ils vont à des fêtes. Ils voient des amis. Ils vont au restaurant. **Dans tous les cas**, ils sont libres. Elle est jalouse. **Même s**'ils ne sont pas célèbres, ils ont une meilleure vie.

Elle pense à la maquilleuse d'aujourd'hui. Elle se demande, que fait-elle maintenant ? Bey pense qu'elle va peut-être arrêter.

Tout à coup, son téléphone fait un bruit.

C'est un rappel pour aller se coucher. Demain est une autre journée chargée.

RÉSUMÉ
Bey est une célébrité. C'est une chanteuse de pop célèbre. Les gens sont jaloux de sa vie. Cependant, ce n'est pas facile. Sa journée commence tôt. Ses trois assistantes viennent à l'hôtel. Elles la préparent. Ensuite, elle a une journée bien remplie. Elle va à une séance photo. La maquilleuse veut être célèbre. Bey dit que ce n'est pas génial. Bey pratique la danse et le chant. Puis elle se prépare pour son concert. Elle se sent malade. Cependant, elle se produit pour ses nombreux fans. Elle prend des photos et signe des autographes. Elle est jalouse de la vie normale de ses fans.

Liste de vocabulaire

but	mais
however	toutefois
as a result	en conséquence
therefore	par conséquent
lastly	enfin
then	alors
finally	enfin
therefore	par conséquent
first	premièrement
in fact	en fait
because	parce que
for example	par exemple
second	deuxième
without a doubt	sans aucun doute
after all	après tout
even though	même si
ultimately	en fin de compte
so	donc
since	depuis
while	tandis que
if	si
for this reason	pour cette raison
eventually.	finalement.
either way	de toute façon
despite	malgré
all of a sudden	tout d'un coup

QUESTIONS

1) Quelle personne ne vient pas à l'hôtel de Bey ?
   a) une maquilleuse
   b) une styliste
   c) une fan
   d) une coiffeuse

2) Pourquoi le directeur de Bey l'appelle-t-il?
   a) pour demander où elle est
   b) pour la renvoyer
   c) pour la féliciter
   d) pour demander comment elle va

3) Quel est le travail de Bey ?
   a) danseuse
   b) pop star
   c) animatrice d'une émission-débat
   d) photographe

4) Que fait Bey pour l'aider à chanter ?
   a) elle boit du thé
   b) elle va à des cours de voix
   c) elle prie
   d) elle croise les doigts

5) Que signale la notification du téléphone à la fin de l'histoire?
   a) quelqu'un appelle
   b) il est temps de prendre des médicaments
   c) une notification d'Instagram
   d) il est temps de se coucher

RÉPONSES

1) Quelle personne ne vient pas à l'hôtel de Bey ?
    c) une fan
2) Pourquoi le directeur de Bey l'appelle-t-il?
    a) pour demander où elle est
3) Quel est le travail de Bey ?
    b) pop star
4) Que fait Bey pour l'aider à chanter ?
    b) elle va à des cours de voix
5) Que signale la notification du téléphone à la fin de l'histoire?
    d) il est temps de se coucher

Translation of the Story
A Day in the Life

STORY

Bey wakes up in a hotel room. She is tired. Her body is tired, **but** her mind is more tired. She feels alone. Her friends and family don't understand what it is like to be famous. She laughs. They want to be famous. They want to spend a day in her life. People think celebrities have fun all day. They think celebrities get anything they want. **However,** Bey knows this is not true.

Why do people want to be famous? Bey thinks. She makes a coffee. The media shows her as success. People want success. They want a perfect life. **As a result,** they try to become famous. She knows life is not perfect.
The clock says seven o'clock. Her day is busy. **Therefore**, she has to wake up early. Some people think celebrities sleep late. She has a lot to do. There is no time to sleep late. She hears the doorbell.

"Hello," says Bey.

"Hi, Bey," say the three women. One woman is her stylist. Another woman is her makeup artist. **Lastly,** the hairdresser enters. She opens the door. They go inside. They begin to work.

"Which shirt?" says the stylist.

"Which color of lipstick?" asks the makeup artist.

"Why did you sleep with your hair like that?" asks the hairdresser.

Bey's coffee is cold. She makes another coffee. **Then**, she answers all the questions. They help her. **Finally,** she is ready.

She leaves the hotel at 10 a.m. There are many people outside. They wait for her. When she goes out, they scream. They take pictures. Bey gets in a car. The car has dark windows. No one can see in. **Therefore,** she can do what she wants. She relaxes. Her phone rings.

"Hello?" she says.

"Bey, where are you?" asks her manager.

"In the car," she says.

"You're late!" says the manager.

"Sorry," said Bey. She has dance practice, voice lessons, and a photo shoot. A busy day. Her manager keeps her schedule. He tells her what to do. He tells her when to go. She feels stuck. She must work to stay famous. She can't take a vacation.

The car stops. **First**, Bey has a photo shoot. It is for a magazine. A girl puts makeup on Bey. She is a fan. She smiles.

"How are you?" she asks.

"Fine," says Bey.

"I am your fan," she says.

"Thank you," says Bey.
"I sing, too," the girl says. She powders Bey's face.

"Really?" asks Bey. She is bored.

"Yes. I want to be famous!" says the girl.

"Being famous is a lot of work!" says Bey.

"I don't care!" says the girl.

"What are you doing tonight?" asks Bey.

"Dinner with my boyfriend, a walk in the park, maybe visit a museum," says the girl.

"I have work, a concert," says Bey. "**In fact,** I have one every night. I can't go out to the park **because** people recognize me. They don't leave me alone."

"Oh," says the girl. She finishes the makeup.

"**For example**, I can't remember a visit to a museum," says Bey. She is finished. She takes her pictures. Her dress is glamorous. She looks beautiful and happy. She says goodbye and gets in the car.

Second, Bey has dance practice. She practices in a dance studio. Her teacher is professional. They practice for the concert. Tonight's concert is in a stadium in New York City. She forgets the dance for her most famous song. She practices for two hours. **Without a doubt**, she knows the dance.

Third, Bey has voice lessons. Famous singers need lessons. Voice lessons help them sing easily. This is important. **After all,** singing a concert every night is difficult.

After voice, she eats lunch. Her assistant brings it to her. Even though it is quick, it is healthy. She has a smoothie and a salad. Soon she must prepare for the concert.

She checks her phone. Bey has another assistant. This assistant does social media. She puts pictures on Instagram and Facebook. **Ultimately**, Bey likes to see for herself. Her new picture has 1,000,000 likes. Not bad, she thinks. It also has many comments. Some are mean, **so** Bey turns off her phone. She tries to be positive.

In the car, Bey calls her friends. She talks to her mother. She talks in the car **since** she doesn't have much time. She is tired. She has a headache. Maybe she can nap. She looks at her phone. It is too late to nap.

While Bey gets ready, fans wait. They make a line outside. They are excited. They paid a lot of money for the tickets.

Now her throat hurts. She drinks warm tea. **If** she can't sing, the fans will be sad. She looks at her phone. She has a picture saved for these moments. It is a letter.

"Dear Bey," it says.

"You are my favorite singer. I think you are amazing. I want to be just like you when I grow up. Love, Susy." It is from a 7-year-old fan. Bey remembers her. She smiles. There are hundreds of girls like Susy at the concert. **For this reason,** she performs.

Eventually, the concert ends.

More and more fans ask for Bey's autograph. They smile. They take pictures on their phone. She imagines their lives. They go to parties. They see friends. They go to restaurants. **Either way**, they have freedom. She is jealous. **Despite** not being famous, they have better lives.

She thinks of the makeup girl from today. She wonders, what is she doing now? Bey thinks maybe she will quit.

All of a sudden, her phone makes a sound.

It is a reminder to go to bed. Tomorrow is another busy day.

CHAPTER 15
The Camino Inspiration / Numbers + Family

Molly adore les aventures. Elle est la personne la plus courageuse de sa **famille**, encore plus courageuse que ses **deux frères**. Elle va souvent camper avec sa famille dans les bois. Ce week-end, ils vont ensemble à la montagne. La lune brille et les oiseaux et les animaux sont silencieux. Molly s'assoit avec ses frères et sa sœur près du feu, ils parlent et ils jouent. Ils voient une chauve-souris voler au-dessus de leur tête.

« Ewww! » crie la sœur de Molly.

« Une chauve-souris! » crie **un** des frères de Molly.

Puis, **trois** autres chauves-souris volent au-dessus de leur tête.

« Ahhh! Allons chercher **maman** et **papa**! » s'écrie l'autre frère, John.

« Ce n'est qu'une chauve-souris », dit Molly.

D'autres chauves-souris arrivent, jusqu'à ce qu'il y en ait **huit** qui volent au-dessus d'eux. La sœur et les frères de Molly disparaissent dans leurs tentes, effrayés. Molly ne bouge pas. Elle regarde les chauves-souris voler en rond, maintenant il y en a **dix-neuf**, non, **vingt**!

« Salut, Molly », dit sa **mère**, qui marche derrière son **père** en direction du feu de camp.

« Oh, il y a assurément beaucoup de chauves-souris dans ces bois, dit son père. N'as-tu pas peur ? »

Molly secoue la tête non, et regarde les chauves-souris s'envoler dans le ciel étoilé.

« Dînons ! » dit-elle. Ses frères et sa sœur sortent de leurs tentes. La famille mange près du feu. Ils adorent camper ensemble.

Molly a **vingt-deux ans**. Elle vient d'obtenir sa Licence à l'université où elle a étudié l'ingénierie. Elle n'a pas trouvé de travail dans un bureau, alors elle travaille dans son magasin d'équipement de sport. Elle économise son salaire et parle de son passe-temps préféré toute la journée : le camping.
Chaque samedi, Molly travaille au **deuxième** étage, où il y a toutes les tentes, les sacs à dos et l'équipement de camping. Ce samedi, son **cousin** vient au magasin.

« Salut, Jim ! » dit Molly, un sourire heureux sur son visage.

« Molly ! J'ai oublié que tu travaillais ici », dit Jim, le **fils** de **trente** ans de la tante de Molly, Jane.

« Comment vont tante Jane et **oncle** Joe ? » demande Molly.

« Ils vont bien. Ce weekend, ils rendent visite à **grand-mère** Gloria, chez elle, dit Jim. Je suis ici pour acheter des articles de plein air pour un voyage. »

« Oh, bien sûr! Je peux t'aider. Qu'y a-t-il sur ta liste? », demande Molly.

Jim montre à Molly une feuille de papier avec une liste de **quinze** articles. Un sac à dos léger, un réchaud portable, **quatre** paires de chaussettes chaudes, des bâtons de randonnée, le savon magique du Dr. Bronner, un couteau de poche et **dix-huit** repas déshydratés.

Ça a l'air d'être un sacré voyage, pense Molly.

« Donne-moi le sac à dos le plus léger que vous avez, dit Jim. Le plus léger de tout, en fait. Mon sac à dos de moins doit faire moins de **vingt-huit** pounds. »

« Pourquoi achète-tu tout cela? » demande Molly, en marchant avec Jim vers un mur rempli de sacs à dos de toutes les couleurs, grands et petits.
« Je vais faire une randonnée, dit Jim. À travers l'Espagne. »

Jim essaie les différents sacs à dos. Il choisit le sac préféré de Molly, un sac à dos rouge avec **sept** poches, quatre au dos et trois à l'intérieur. Le sac est si léger, il pèse à peine **deux kilos et demi**. Il le porte sur ses épaules alors qu'il suit Molly à la section vêtements.

« Ça s'appelle le Chemin de Compostelle », confie Jim à Molly. Son cousin lui parle de la randonnée. C'est un pèlerinage à la cathédrale de Saint-Jacques-de-

Compostelle en Galice. On dit que saint Jacques est enterré dans l'église.

Jim fera la randonnée à partir du point de départ ordinaire sur le Chemin Français, à Saint-Jean-Pied-de-Port. De là, il est à environ **cinq cents** miles de Saint-Jacques. Le pèlerinage est populaire depuis le Moyen Age. Des criminels et d'autres personnes l'ont parcouru en échange de bénédictions. De nos jours, la plupart voyagent à pied. Certaines personnes voyagent à vélo. Quelques pèlerins voyagent même sur un cheval ou un âne. Le pèlerinage était religieux, mais maintenant beaucoup le font pour voyager ou faire du sport.

« J'ai besoin de voyager, dit Jim. J'ai besoin de temps pour réfléchir. Marcher 800 km peut être très spirituel. »

Molly aide Jim à trouver une veste imperméable et un pantalon qui peut se dézipper pour devenir un short. Il semble très heureux avec son grand sac d'affaires. Il porte beaucoup plus de choses entre les ses bras que les autres acheteurs. Il fait un vrai voyage.

« Ça fera **trois cent quarante-sept** dollars et **soixante-six** cents », dit Molly.

« Merci, Molly », dit Jim.

Molly commence à réfléchir. Elle vit à la maison avec ses **parents**. Sa mère travaille comme juge au palais de justice local et son père est avocat. Ils sont tous deux rarement à la maison pour dîner. Ils restent travailler au bureau jusqu'à tard. Ses **frères et sa sœur** vivent avec leurs familles à Seattle, à trois heures de route. Elle est seule, sans véritable emploi. Il n'y a personne pour l'arrêter.

Ce sera des vacances parfaites. Et peut-être décidera-t-elle quoi faire du reste de sa vie.

Pourquoi pas ?

Ce jour-là, Mollly décide qu'elle fera le Chemin de Compostelle. A partir de septembre, dans trois mois. Seule.

RÉSUMÉ
Une jeune femme du nom de Molly aime le plein air. Elle et sa famille campent souvent ensemble. Elle travaille dans un magasin de plein air alors qu'elle cherche un emploi après l'université. Son cousin Jim lui rend visite pour se préparer à un voyage. Il va marcher le Chemin de Compostelle et a besoin de matériel. Molly l'aide à acheter un sac à dos, des chaussures et tout ce dont il a besoin. Elle décide de faire la randonnée du Chemin de Compostelle elle-même.

Liste de Vocabulaire

family	famille
two	deux
brother	frère
sister	soeur
one	un
three	trois
mom	maman
dad	papa
eight	huit
nineteen	dix-neuf
twenty	vingt
mother	mère
father	père
twenty-two	vingt-deux
second	deuxième
cousin	cousin
thirty	trente
son	fils
aunt	tante
uncle	oncle
grandma	grand-mère
fifteen	quinze
four	quatre
eighteen	dix-huit
twenty-eight	vingt-huit
seven	sept
two-and-a-half	deux et demi
five hundred	cinq cents
three hundred	trois cents
forty-seven	quarante-sept
sixty-six	soixante-six

parents	parents
siblings	frères et sœurs

QUESTIONS

1) Qu'a étudié Molly à l'université?
    a) cosmétologie
    b) littérature
    c) ingénierie
    d) commerce

2) Combien de frères et sœurs Molly a-t-elle?
    a) un
    b) deux
    c) trois
    d) quatre

3) Quel est le lien entre Jim et Molly?
    a) frère
    b) oncle
    c) grand-père
    d) père

4) Qu'est-ce que le Chemin de Compostelle ?
    a) un pèlerinage
    b) une ville
    c) une église
    d) un jour férié

5) D'où vient Molly?
    a) États-Unis
    b) Angleterre
    c) Australie
    d) France

RÉPONSES

1) Qu'a étudié Molly à l'université?
    c) ingénierie

2) Combien de frères et sœurs Molly a-t-elle?
    c) trois

3) Quel est le lien entre Jim et Molly?
    b) oncle

4) Qu'est-ce que le Chemin de Compostelle ?
    a) un pèlerinage
5) D'où vient Molly?
    a) États-Unis

Translation of the Story
The Camino Inspiration

Molly loves adventures.

She is the bravest member of her **family**, even braver than her **two brothers**. She often goes camping with her family in the woods. This weekend, they go to the mountain together. The moon shines and the birds and animals are quiet. Molly sits with her brothers and her **sister** by the fire, talking and playing. They see a bat fly over their heads.

"Ewww!" shouts Molly's sister.

"A bat!" yells **one** of Molly's brothers.

Then, **three** more bats fly over their heads.

"Ahhh! Let's get **mom** and **dad**!" shouts the other brother, John.

"It's only a bat," says Molly.

More bats arrive, until there are **eight** flying overhead. Molly's sister and brothers disappear into their tents, scared out of their wits. Molly does not move. She watches as the bats circled, now **nineteen**, no, **twenty**!

"Hi, Molly," says her **mother**, walking up behind her **father** to the campfire.

"Wow, there sure are a lot of bats around these woods," says her dad. "Aren't you scared?"
Molly shook her head no, and watched the bats fly off into the starry night sky.

"Let's eat dinner!" she said. Her brothers and sister come out of their tents. The family eats by the fire. They love to camp together.

Molly is **twenty-two**. She just graduated from college, where she studied engineering. She has not found a job in an office, so she works at her local outdoor store. She saves her paycheck and gets to talk about her favorite hobby all day: camping.

Every Saturday, Molly works on the **second** floor, with all of the tents, backpacks, and camping supplies. This Saturday, in walks her **cousin**.

"Hi, Jim!" says Molly, a happy smile on her face.
"Molly! I forgot you work here," says Jim, the **thirty**-year-old **son** of Molly's **aunt** Jane.

"How are Aunt Jane and **Uncle** Joe?" asks Molly.

"They're good. This weekend they are visiting **Grandma** Gloria at her house," says Jim. "I'm here to buy some outdoor goods for a trip."

"Oh, sure! I can help you. What is on your list?" Molly asks.

Jim shows Molly a piece of paper with a list of **fifteen** items. A light backpack, a portable stove, **four** pairs of warm socks, hiking poles, Dr. Bronner's magic soap, a pocket knife, and **eighteen** dehydrated trail meals.

Wow, this sounds like quite a trip, thinks Molly.
"Gimme the lightest backpack you have," says Jim. "The lightest everything, actually. I have to keep my pack under **twenty-eight** pounds."

"What are you buying all of this for?" asks Molly, walking with Jim over to a wall filled with backpacks of all colors, large and small.

"I'm going to hike," says Jim. "Across Spain."

Jim tries on the different backpacks. He chooses Molly's favorite, a red backpack with **seven** pockets, four on the back and three inside. The pack is so light, it hardly weighs **two-and-a-half** pounds. He wears it on his shoulders as he follows Molly to the clothing section.

"It's called the Camino de Santiago," Jim tells Molly. Her cousin tells her about the hike. It is a pilgrimage to the Cathedral of Santiago de Compostela in Galicia. People say that Saint James is buried in the church.

Uncle Jim will be walking the hike from the common starting point of the French Way, Saint-Jean-Pied-de-Port. From there, it is about **five hundred** miles to Santiago. The pilgrimage has been popular since the Middle Ages. Criminals and other people walked the way in exchange for blessings. Nowadays, most travel by foot. Some people travel by bicycle. A few pilgrims even travel on a horse or donkey. The pilgrimage was religious, but now many do it for travel or sport.

"I need to travel," says Jim. "I need time to think and reflect. Walking 500 miles can be very spiritual."

Molly helps Jim find a waterproof jacket and a pair of pants that can unzip to be shorts. He seems very happy with his large bag of things. He has much more in his hands than the other shoppers. He is going on a real trip.

"That will be **three hundred forty-seven** dollars and **sixty-six** cents," says Molly.

"Thanks, Molly," says Jim.

Molly begins to think. She lives at home with her **parents**. Her mother works as a judge in the local courthouse and her father is a lawyer. They are both rarely home for dinner. They stay busy at the office until late. Her **siblings** live with their families in Seattle, three hours away. She is alone, with no real job. She has no one to stop her.

It will be the perfect vacation. And maybe she will decide what to do with the rest of her life.

Why not?

That day, Mollly decides that she will do the Camino de Santiago. Starting in September, three months from now. Alone.

CONCLUSION

You did it! You finished a whole book in a brand-new language. That in and of itself is quite the accomplishment, isn't it?

Congratulate yourself on time well spent and a job well done. Now that you've finished the book, you have familiarized yourself with over 500 new vocabulary words, comprehended the heart of 3 short stories, and listened to loads of dialogue unfold, all without going anywhere!

Charlemagne said "To have another language is to possess a second soul." After immersing yourself in this book, you are broadening your horizons and opening a whole new path for yourself.

Have you thought about how much you know now that you did not know before? You've learned everything from how to greet and how to express your emotions to basics like colors and place words. You can tell time and ask question. All without opening a schoolbook. Instead, you've cruised through fun, interesting stories and possibly listened to them as well.

Perhaps before you weren't able to distinguish meaning when you listened to French. If you used the audiobook, we bet you can now pick out meanings and words when you hear someone speaking. Regardless, we are sure you have taken an important step to being more fluent. You are well on your way!

Best of all, you have made the essential step of distinguishing in your mind the idea that most often hinders people studying a new language. By approaching French through our short stories and dialogs, instead of formal lessons with just grammar and vocabulary, you are no longer in the 'learning' mindset. Your approach is much more similar to an osmosis, focused on speaking and using the language, which is the end goal, after all!

So, what's next?

This is just the first of five books, all packed full of short stories and dialogs, covering essential, everyday French that will ensure you master the basics. You can find the rest of the books in the series, as well as a whole host of other resources, at LearnLikeNatives.com. Simply add the book to your library to take the next step in your language learning journey. If you are ever in need of new ideas or direction, refer to our 'Speak Like a Native' eBook, available to you for free at LearnLikeNatives.com, which clearly outlines practical steps you can take to continue learning any language you choose.

We also encourage you to get out into the real world and practice your French. You have a leg up on most beginners, after all—instead of pure textbook learning, you have been absorbing the sound and soul of the language. Do not underestimate the foundation you have built reviewing the chapters of this book. Remember, no one feels 100% confident when they speak with a native speaker in another language.

One of the coolest things about being human is connecting with others. Communicating with someone in their own language is a wonderful gift. Knowing the language turns you into a local and opens up your world. You will see the reward of learning languages for many years to come, so keep that practice up!. Don't let your fears stop you from taking the chance to use your French. Just give it a try, and remember that you will make mistakes. However, these mistakes will teach you so much, so view every single one as a small victory! Learning is growth.

Don't let the quest for learning end here! There is so much you can do to continue the learning process in an organic way, like you did with this book. Add another book from Learn Like a Native to your library. Listen to French talk radio. Watch some of the great French films. Put on the latest CD from Edith Piaf. Take cooking lessons in French. Whatever you do, don't stop because every little step you take counts towards learning a new language, culture, and way of communicating.

www.LearnLikeNatives.com

Learn Like a Native is a revolutionary **language education brand** that is taking the linguistic world by storm. Forget boring grammar books that never get you anywhere, Learn Like a Native teaches you languages in a fast and fun way that actually works!

As an international, multichannel, language learning platform, we provide **books, audio guides and eBooks** so that you can acquire the knowledge you need, swiftly and easily.

Our **subject-based learning**, structured around real-world scenarios, builds your conversational muscle and ensures you learn the content most relevant to your requirements.
Discover our tools at ***LearnLikeNatives.com***.

When it comes to learning languages, we've got you covered!

www.ingramcontent.com/pod-product-compliance
Lightning Source LLC
Chambersburg PA
CBHW071730080526
44588CB00013B/1969